世界那么大，多想遇见你

黄蒲生 著

图书在版编目（CIP）数据

世界那么大，多想遇见你 / 黄蒲生著. -- 广州：花城出版社，2023.3
ISBN 978-7-5360-9340-9

Ⅰ. ①世… Ⅱ. ①黄… Ⅲ. ①旅游指南－世界 Ⅳ. ①K919

中国版本图书馆CIP数据核字（2022）第066186号

出 版 人：张　懿
策划编辑：林宋瑜
责任编辑：林　菁
责任校对：梁秋华
技术编辑：凌春梅
封面设计：庄海萌

书　　名	世界那么大，多想遇见你 SHIJIE NAME DA, DUOXIANG YUJIAN NI
出版发行	花城出版社 （广州市环市东路水荫路11号）
经　　销	全国新华书店
印　　刷	佛山市迎高彩印有限公司 （佛山市顺德区陈村镇广隆工业区兴业七路9号）
开　　本	787毫米×1092毫米 16开
印　　张	18.5　2插页
字　　数	250,000字
版　　次	2023年3月第1版　2023年3月第1次印刷
定　　价	89.00元

如发现印装质量问题，请直接与印刷厂联系调换。
购书热线：020-37604658　37602954
花城出版社网站：http://www.fcph.com.cn

用
生命 有温度的 爱
去链接
人生每一次 重逢和相遇

为
曾 拥抱过梦一般旖旎风光的 自己
留下不褪色的记忆 和 不会遗忘在路上的
心的感激

向往 寻觅 沉浸 回忆
把 一个个出发时的 梦
还原成 一次次到达的 美丽
与
惊喜

温暖的船

走过千山万水
感受天地大美

[看视频，听音频，与你相遇在每分每秒]

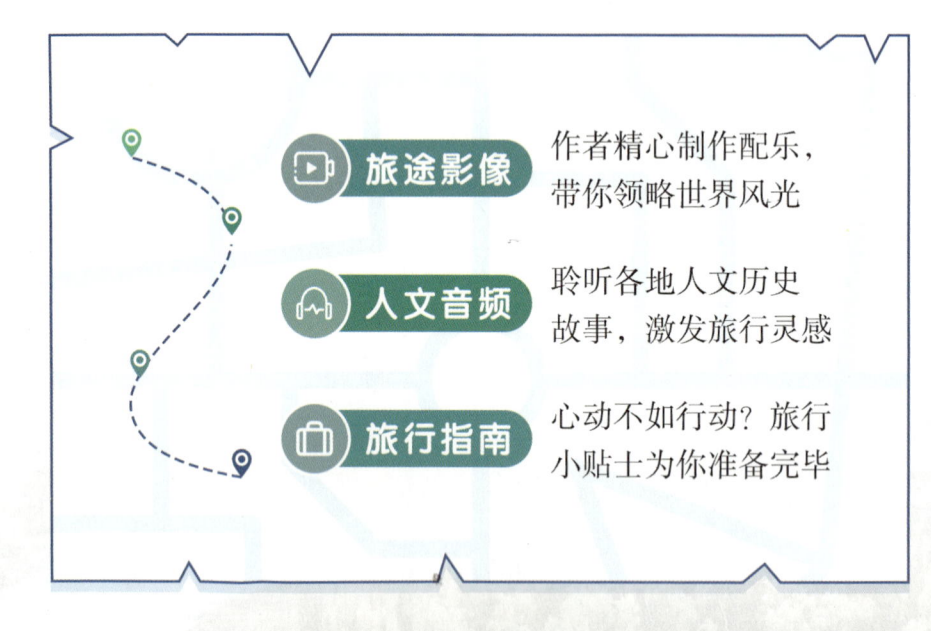

旅途影像 —— 作者精心制作配乐，带你领略世界风光

人文音频 —— 聆听各地人文历史故事，激发旅行灵感

旅行指南 —— 心动不如行动？旅行小贴士为你准备完毕

所思所悟 | 随时随地记录你的阅读感想。

交流社群 | 快来和书友聊聊你的读书心得。

好书推荐 | 更多精彩好书，一触即达。

微信扫码
开启你的探索之旅

序：四季行踪尽是诗

一

蒲生说：这是无心插柳。

我认为这柳所以成荫却绝非偶然，我们相识相知30多年，我了解他。

黄蒲生是一位诗人，我也因诗与蒲生相识。记得那是20世纪80年代的一个深秋傍晚，《黄金时代》在东山酒家设便宴招呼广东作协新人新作奖的获奖作者，这酒家并不大，却十分高雅，古榕掩映，风竹扶疏。是广州的百年老店，当年拍《羊城暗哨》就选它作实景。宴前，我同事吴志鸿带一青年军人见我，蒲生走到我跟前，举手行了一个军礼，然后和我握手并用浑厚的男中音道了声："领导好！"我注目一看，这青年军官，军装笔挺，身高一米八，剑眉朗目，眉宇间一股英气夹着缕书卷气，我心中暗暗称赞这英俊小伙有点儒雅。志鸿忙介绍：这是军旅诗人黄蒲生，全军获奖诗歌《快升起来吧，红色的信号弹》的作者。

他上过前线，钻过猫耳洞，在轰轰炮声中写下这首《快升起来吧，红色的信号弹》。其后，便一发不可收，写了《祖国啊，我没迟到》《穿迷彩服的人》《唱在白雪的世界里》等一系列诗歌作品，先后获得总政治部"自卫还击保卫边疆英雄赞"征文奖、广东省作协新人新作奖、珠江佳作奖、《华夏诗报》诗歌年度大奖。后来，我还得知他家乡远在中原古都开封，年仅14岁正读初二便被广州军区特招入伍。当兵后业余有两大爱好：一是读书，常逛书店，文、史、哲均爱读；一是爱下部队、走边防。广州军区辖区内既有广西的十万大山，又有海南的椰林和海岛，还有湖南神秘的湘西和洞庭，更有广东面向太平洋、面向港澳的曲折海岸线。

也是这段时间，他为《黄金时代》写了不少卷首语，其中有三篇《拥抱世界的梦》《生命的旋律》《永恒的美》被选入全国青年期刊卷首语精选本《太阳的梦》。

我爱读他的诗，其中有两句记忆尤深——

　　要笑，就笑出阳光
　　要哭，就哭出雷声

多么雄浑，多么厚重，多么大气，多么形象，它深深刻在了我的心中。

二

蒲生，不仅是诗人，还是编审、词作家和大型活动的策划者，这是无心插柳柳成荫的另一体现。他于1985年转业到花城出版社，从诗歌编辑做起，到后来担任《花城》副主编。1993年春，我调到省出版总公司当副总经理，在同一出版大楼里办公，常在电梯间碰面。同年底，局里要筹办一份大型现代生活杂志，取名《潇洒》，要我兼任社长和总编，我只好四处招兵买马，叶曙明一开始便跟我拍档，当时是编辑部主任。后来我还想找个既懂编刊又懂经营的复合型人才，闯入我视野的首选人物便是黄蒲生，花了不少心机，才把他从花城撬过来当执行主编。

2000年春，我调至广东教育出版社当社长，把《潇洒》全班人马带上，还创办了《收藏·拍卖》，并把《新空间》改办成《数码先锋》，黄蒲生任期刊中心总经理，他除当《潇洒》的主编外，还要管好其他两本杂志。在编好杂志之外，我还鼓励他不失时机地做点畅销书，最成功的当属那本《健康忠告》。该书大胆运用杂志的设计元素，插进精美的漫画配图，还制作了印有图书金句的书签。图书出版后不久，还把作者洪昭光从北京请来，在省委礼堂为省老干局做健康讲座，并向到场听众赠送图书。这些活动引起了社会强烈反响，图书出版仅三个月总发行量就突破120万册，成为"小书大做"的典型。后来，这本《健康忠告》还获评上海2002年"我最喜爱的20本书"和香港2003年"十本向市民推荐的好书"之一，并荣获了2002年的中宣部"五个一工程"奖。

蒲生是位多才多艺的智者，业余除了写诗，还写歌词、编剧。20世纪80年代一首《站台》响遍了大江南北，2003年，与歌唱家邓韵合作创作声乐交响诗《爱的阳光》；2004年，担任北京人民大会堂交响音诗音乐会《中国人民的儿子——邓小平》总撰稿和总导演；2005年策划、创作纪念反法西斯战争胜利《以和平的名义》大型朗诵会；2006年，担任15届多哈亚运会闭幕式10分钟表演《东方神韵》的编剧和撰稿人；2013年担任广东省"纪念六祖惠能圆寂1300周年"交响诗画音乐会的总撰稿人。

蒲生富有艺术才华，必然有种强烈而又高端的审美意识，对作品的意境与内涵有深刻的理解。因他经常策划大型文艺活动，对光影的呈现有着独特的感受，这对他的摄影创作无疑是有益的；同时，他对新生事物，又有着天然的敏感与兴趣。早在20世纪80年代，他已经拥有了第一台CPU只是8086的个人电脑；近些年，玩无人机，他也玩得得心应手。

影展的成功，绝非从天上掉下来，而是他长期厚积薄发使然。仿如一飞瀑，之所以一泻千里，是因为有遥远的流淌与深层的积聚。

三

摄影，是一门发现与等待的艺术。景点还是那个景点，走过的人何止千万？拍过的人又何止百千？要拍出"人人心上有，个个镜下无"的佳作，除了是对你审美能力、构思能力、挖掘主题能力、捕捉光影能力的考验之外，还是对你顽强意志、执着精神的一种严峻考验。最令我感动的是，蒲生的大部分摄影作品是他眼疾之后拍摄的。

我完全理解蒲生患眼疾的痛苦，退休后，集团曾要我为新创办的《时代周报》终审，两晚时间要审完38个大版，一些社评还要认真修改，忙了几年，一天深夜我突然发觉左眼一片模糊，第二天到眼科医院找专家一查，竟是眼底黄斑裂变，只觉眼前一团漆黑，视力一测，只有0.05，也就几乎等于失明，我住了一个多月院，天天打激素，整个人变成了"猪头炳"，一迎风便流泪，那种痛苦，那种无助，会令意志薄弱者精神崩溃。蒲生比我更惨的是患眼疾时爱人才刚刚置换了膝关节。可他凭着人生历练来的顽强意志和坚韧精神，在长期的失眠与抑郁中重新奋起。2016年4月，从广州出发，开始了持续100天的欧美之旅，大自然的无限风光让他怡然陶醉，大世界的纷繁复杂，反倒抚平了他内心的抑闷。自那次始，他一次又一次再出发，走过了美、欧、非，影展后的2020年还去了趟南极。

看来，蒲生的人生四季亦充满诗意，流溢着一股独特的韵味。

我之所以对蒲生的人生履历写得这么详尽，是想读者读这本书时，能窥见照片背后的另一本书。

四

从编辑出版角度看，我觉得本书有五个亮点：

其一是布局与谋篇的结合。

整本书以春夏秋冬为基本的叙述线索，用图文搭起海外篇和国内篇两大框架，然后分别以春夏秋冬谋篇。海外篇：春，在美国·东奔南走；夏，在摩洛哥·独自旅行；秋，白俄罗斯·自由时光；冬，俄罗斯·冬的瞩望。国内篇：春，西藏·高原的感动；夏，新疆·峡谷的震撼；秋，内蒙古·追赶西部的秋天；冬，四川·云端之上的新年。整体格局工工整整，每个框架内的谋篇各具特色。海外篇每季锁定一个国家为主，国内篇每季一个地域为主，且每个季节都有一个独特的主题和特殊的韵味，它就像两大组诗，异常丰满而又意韵悠扬。

其二是文学与摄影的圆融。

文学与摄影的关系，是个既传统又崭新的命题，这命题的提出好像只是这几年的事，其实它早已存在。凡是文学素养高的人，他一旦掌握摄影技术，拍出的照片，往往会与别人有所不同。他会调动一切文学元素来拍，比如选材与构思、意境与内涵、衬托与借用等。这册书文学元素最突出的是诗性与哲思，作者是文学家，是编剧，是诗人，读者也许感到奇怪，既是诗人为何整本书只有寥寥几段诗？但只要细细品之，你会发觉每段文字，都是一篇极佳的文学随笔。它娓娓道来，显得很随意，很从容，很淡定，但视野新、观念新、语言新，流溢一股淡淡而耐人寻味的哲思。每一帧照片立意新、构思巧、角度刁，散发着一股浓浓的诗味。难怪广东省摄影家协会专职副主席郭小宁这样评价："黄蒲生不愧是真正的摄影文学家。"

其三是景物与人文的交织。

作者一路走来，绝不光是欣赏湖光山色，而是绝不放弃挖掘其内含的人文底蕴。

作者通过红场的照片表现一段无法忘记的昨天，揭示"历史其实没有真相，它永远都在被现实一次次地修饰和调用"，这是多么深刻的人文底蕴。

在白俄罗斯的眼泪岛，作者看到的是战争，是流血，是牺牲，是眼泪，是悲伤，是不愿放弃的手。

在西藏苍茫的天幕下，那帆墙般汹涌而动的经幡，那庄严而又肃穆的白塔，那堆积如山的玛尼堆经文，表现的是浓烈的民族信仰；那高原神湖的轻波微澜，那高原天空的天蓝云白，呈现的是一派纯洁与宁静。可神湖的岸边，寺前的大地，却一片荒芜，人们不禁会陷入沉思：神在哪里？信仰在何方？

其四是宏观与微观的互补。

宏观拍的是大写意。用的是航拍，是广角，呈现的是大局，全景，气势恢宏，气象万千，《安集海大峡谷》横亘着千沟万壑，《芬兰湾与夏宫》在浩瀚中藏着神秘；微观，拍的是大特写。用的微距、大光圈，呈现的是局部、细节，精致入微，主题凸现，摩纳哥《包红头巾的女人》那眼神让你永远猜不透，西藏作品《回家》《旋转的转经筒》《咬着指头的微笑》《磕上布达拉宫的额头》让你触摸一个民族的风情与内心的世界。

宏观与微观互为补充，相得益彰。既呈立体又显多维，让你感觉到世界是那么丰富多彩。

其五是欣赏性与实用性的搭配。

本书在强化欣赏性的同时，暗藏一些为旅行者加入的切实可用的旅游小贴士。此外，为了适应读者延展性阅读的需要，用二维码的方式链接视频中的相应内容，这也是本书特有的贴心创意。相信你在扫描图书中的二维码时，一定能获得某种意外的惊喜。

四季，是你七彩的人生

四季，是你远行的足迹

愿你的四季行踪尽是诗……

CONTENTS 目录

001 / 美国·跨越时空的友情

002 / 我们是怎么启动这趟旅行的

006 / 洛杉矶那些时间

008 / 令人深思的印第安题材绘画

014 / 一座让人思考的市政厅

016 / 一个云雾里的国家公园

018 / 一条去黄石公园的路

020 / 一道羚羊走的峡谷

024 / 发育自三亿年前的拱门

028 / 热气腾腾的公园

033 / 一座装着信仰的城市

036 / 南方城市迈阿密

040 / 加勒比海上的拿骚

044 / 到基韦斯特（西锁岛）去

045 / 华盛顿的一个纪念日

051 / 匆匆走过的大学校园

057 / 瑞士·在山湖之间自由行走

063 / 夏日的苏黎世
068 / 瑞士的两座山
078 / 三个湖泊与一条河流
085 / 几件与艺术相关的事儿

095 / 北爱尔兰·在英国乡村小憩

099 / 英国乡村印象
102 / 到伦敦德里去
104 / 奥马小镇
107 / 泰坦尼克的记忆
110 / 一次庄园里的聚会
113 / 去巨人之路那一路上的风景
116 / 《权力的游戏》中的国王大道

119 / 白俄罗斯到俄罗斯·抚摸秋冬的阳光

120 / 明斯克的明斯克酒店
124 / 眼泪岛
126 / 明斯克自由行
134 / 终于来到了俄罗斯
139 / 童话般的谢尔盖耶夫镇
142 / 参观地铁站
144 / 胜利广场
146 / 卡罗明思克庄园
148 / 察里津诺庄园
150 / 彼得保罗要塞
151 / 波罗的海海滨的夏宫
157 / 冬宫广场上的阅兵演练
158 / 参观冬宫
163 / 普希金小镇

169 / 中国·穿越·春夏秋冬

170 / 春·西藏高原的感动
191 / 夏·新疆峡谷的震撼
217 / 秋·追逐西部的秋天
242 / 冬·云端之上的新年

257 / **尾声：2020南极和南美的日子**

261 / 南极大陆上红色的雪
265 / 圣保罗街头的中国舞龙和舞狮
267 / 倾盆大雨中，从圣保罗教堂里传出了歌声
269 / 我的圣保罗时间
273 / 今夜无眠：一次失眠的航程

278　**跋：走过·四季**

美国
跨越时空的友情

America

我们是怎么启动这趟旅行的

能够和青春岁月里结识的好朋友，保持半个世纪以上的友谊直到晚年，那实在是人生一大快事、一大幸事。同时，它也必将成为你和你朋友共同拥有的一份人生财富和生命的骄傲。

居住在美国洛杉矶的Z先生，就是我生命中的这么一位朋友。

他出生于广州一个艺术世家，从小就酷爱绘画。我们相识的时候，他正在从事着舞台美术设计的工作，而我则是一名年轻的合唱队员。20世纪80年代初，他赴美留学。那时的他才20多岁，如今，我们都已经是奔70岁的人了。

这座丘陵间的房子，就是我们在美国西部旅游的"根据地"

在我退休后的生活经历中,有一点是确定无疑的。那就是:如果没有这位美国挚友,或者说我们没能保持那么长久的友谊,那么2016年,我是没有勇气、也没有可能启动这么一次持续了三个多月的美欧之行的,并由此开启了差不多五年的旅行生活。若不是2020年出现了新冠疫情,说不定现在的我,还奔跑在世界的什么地方呢。

我们的友谊起始于20世纪70年代。相识时,我20岁刚出头,他还不到20岁。或许人在青春期萌发的友谊,总会特别率真,特别单纯吧!至今,我还记得在广州晴朗的夏夜里,我们一起在天台上仰望夜空仰望星座的情景;更记得我们一同坐着汽车去深圳的大鹏湾,第一次看到大海,他大声地呼喊着"真正的蓝色属于大海"时的那种兴奋和激情。也是那一次,他和我在保安县城第一次喝了中国最好的曲香酒五粮液,并让那佳酿为生命营造出微微的醉意。那天傍晚,我们聊了许久才休息。

那些年,他一直在拼命地学画,常常中午也不休息,我还和他一起去拜访过后来给英国女王画肖像的画家陈衍宁,记得当年陈就住在广州老火车站白云路的附近。在那些年轻的岁月里,他对我说过的最多的一句话就是:"只要拿起了画笔,就是胜利!"其实,那话不仅激励着他,也激励了当时在人生路上有点迷茫的我。

后来,他去了中央美院和广州美院的油画系学习;再后来,他就出国了。刚出国的人,投身到一个完全陌生的环境里,肯定是十分忙碌非常艰苦的。有一段时间,我们之间联系不多,他孤身一人在美国边求学,边打工挣学费。无论什么情况下,他都没有停止寻找自己在异域的生存空间和属于自己的艺术道路。当他在美国的生活相对稳定下来之后,每个新年,我都会收到他从地球另一端寄来的、由他自己亲手制作的新年贺卡。

2008年,美国刚刚开放中国公民赴美旅游的第二天,我刚从报纸上看到这条消息,没想到马上就接到了他从洛杉矶打来的电话。他一再催我快点办好私人护照，争取早日拿到签证。但当时的我，还没能完全从工作中脱身。从电话的另一端，我能真切地感受到他急切希望我能成行，期待大家能够在美国相见的心情。但好事总是多磨，这一磨就是8年。

2016年，我从自己右眼手术和眼见不断下降的视力中，感受到了某种生命的无常和紧迫，这才突然醒悟：自己一直用工作压抑在内心深处的，强烈的想要走出去的愿望，一直都还在顽强生长着。如今，已经只剩下一只还保持着1.0的眼睛了。我决心走出去，一定得好好看看这个既陌生又十分向往的世界！

人生，其实总会有很多动人的记忆，也会有太多机缘巧合的事儿。你能想到吗？我们的签证申请，是我自己试着在家里通过电脑上网完成

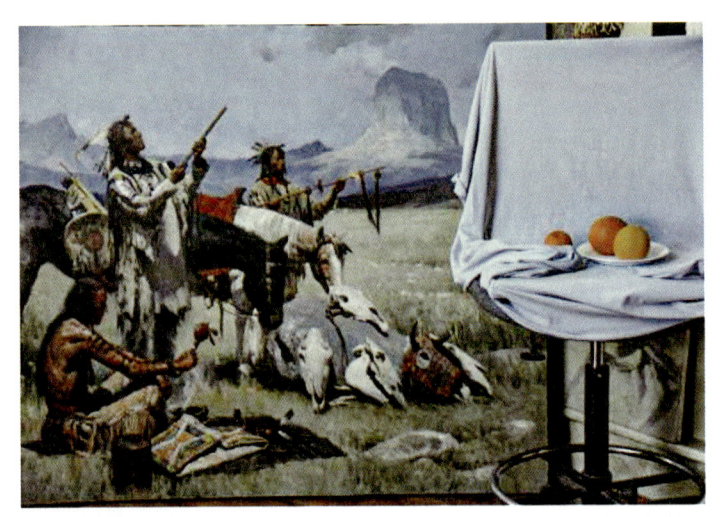

与画家在画室学习作画（四幅） 摄影/车丽娜

的，所有相关材料通过网络上传，连送签的证件照，都是在家里对着一面白色的墙壁拍出来的。直到需要按手模和面见签证官，我和妻子这才第一次去了一趟位于珠江新城的美国驻广州总领事馆。

我至今都忘不了在美国领事馆面见签证官的情景。我们递上材料后，他略略地翻阅了一下，一边简要地问一些基本情况，无非是去美国干啥？去找谁？你的朋友在哪个城市？当我把好朋友寄来的在美国出版的印第安题材画册，通过窗口拿给他看的时候，他一下子便笑了起来，还对着画册伸出了一个大拇指，用不很娴熟的中文说了一句：祝你们一路顺风！

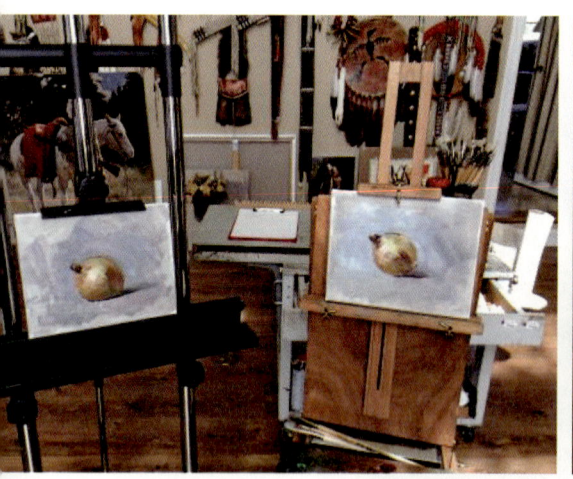

两个洋葱头，老师示范与学生习作　　　　　　　　　　　　　摄影/车丽娜

洛杉矶那些时间

在美国，人如果离开了车，几乎寸步难行——从朋友住的街区到洛杉矶机场单程都有60公里。

那天，他又开车拉我去了一次附近的华人超市，其实也不近，走路根本很难到达。他在超市里转来转去、挑来选去，最后却只买了几个橙子和两个洋葱头就回家了。回家后，我才明白，他是在为教我学画画做准备。那颗较大的洋葱头，就是我第一个静物写生的对象。在洛杉矶那差不多20天短暂而美好的时光里，除了我们自己安排了两次跟团游之外，大家就是聊天（总有聊不完的话）、射箭（那可是一套真正的弓箭）、用天文望远镜看月亮（可能是他在广州纳凉的天台上就做过的天文梦）。在这么紧张的各项活动中，他还分出时间，教我画了一个洋葱头和另外两幅小画。一幅是静物写生的三个橙子，另一幅是临摹（并未完成）我自己选定的一幅色彩很强烈的别人的画作。

如果要说洛杉矶给我留下最深的印象是什么？我会毫不迟疑地告诉你，是加州的阳光，是洛杉矶晴朗的天空，是街区里一幢幢不一样的房子，还有房前小院里那些盛开着的花。

在洛杉矶时，我每天早晨都会出去散步。当我走过一户户漂亮的房子，拍下一幅幅盛开的鲜花，有时，我会产生一种错觉，仿佛自己不是在晨运，而是在参观一个小型的建筑和园林博物馆。虽然，我天天都要在那片街区散步，竟从没有发现过两幢完全一样的房子。即便有的房子建筑结构基本相同，人们也总是通过门，通过窗户，通过一些点缀性的设计，让它显现出不一样的地方。

有一次我们坐在一起谈论起对美国社会的认知时，他说过的一句话让我记忆犹新，他说：最根本的不同，可能就是对个人的尊重吧。这句话，一直在我的脑海里萦绕着。后来我还联想到了很多：想到了20世纪曾喊出"我有一个梦想"的马丁·路德·金；想到了辍学创立微软的比尔·盖茨；想到了喜欢禅的苹果的乔布斯……一种文化，其实对人的影响会是全方位的、多角度的，同时也是潜移默化、无处不在的。

无论什么时候，只要我一想起洛杉矶，就仿佛又走在了那条开满鲜花的街区的路上，又看见了那些不重复的，但却十分漂亮的房子。

令人深思的印第安题材绘画

Z先生坚持创作美国印第安人题材的绘画作品多年了，他是个非常认真、有毅力的人，他的画室里除了他的作品外，还挂满了从印第安部落里搜集到的各式各样的印第安人生活中的用品和小饰物，来作为创作实物参考。

有一次，他对我说：越画越觉得我不仅仅是在画印第安人，而且是在画我自己，画我们的先人，画地球上黄肤色人种共同的祖先。

我能想象得到，对于一个由亚洲去到美国从事艺术创作的画家，能

水莲　　　　　　　　　　　　　　　　　　　　　　　　zs.Liang 提供

从绘画中找到这种感觉，是多么神秘而又美好！

　　他曾告诉过我，当他去到亚利桑那州的印第安保留地采风和创作时，当地的纳瓦霍人会热情地称他为"亲戚"（Cousin）。这种人与人天然的亲和感，也为他与印第安人的沟通和后期的创作带来了极大的便利。正是从纳瓦霍人那里，他知道了，印第安人的祖先三万年前还生活在亚洲，之后才陆陆续续通过白令海峡来到美洲大陆。他去的那些部落至今仍保留着的一些古老宗教传统和生活习惯，其实和我国西南边疆藏民族及其他少数民族的习惯，常常会不谋而合。如：现在的纳瓦霍人出发的时候，总会先在出发地转上一圈之后，才依依离开。到达时也会保留着这种仪式感很强的行为。这和藏族同胞围着圣湖圣山转经的风俗如出一辙。而藏族同胞常在路边堆放玛尼石，我也在拱门国家公园参观时

帕波罗街市　　　　　　　　　　　　　　　　　　　　　　　zs.Liang 提供

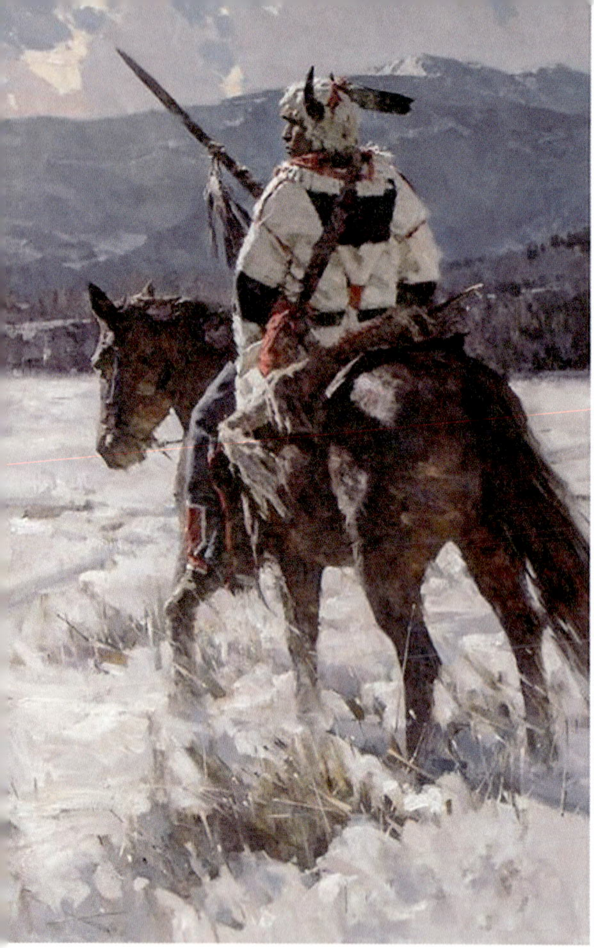

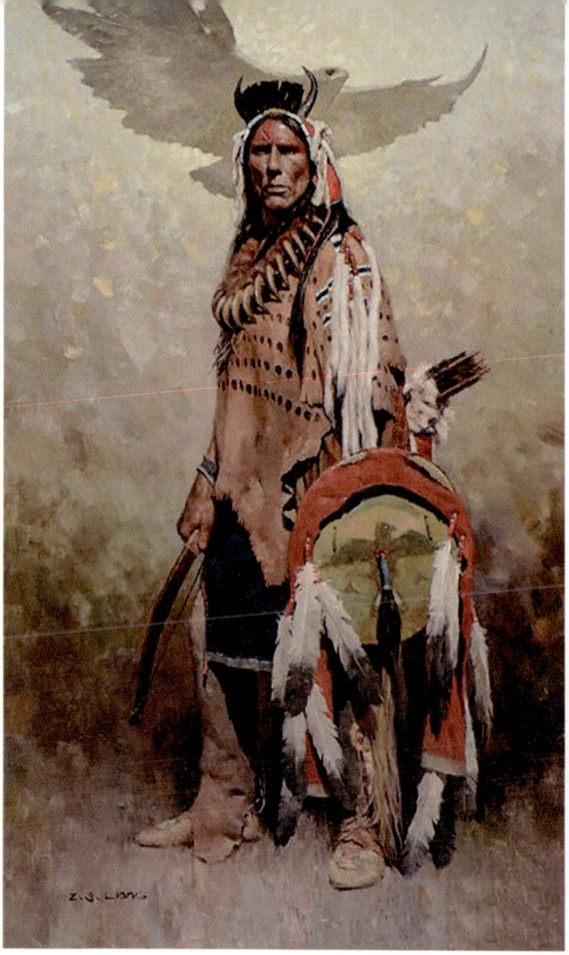

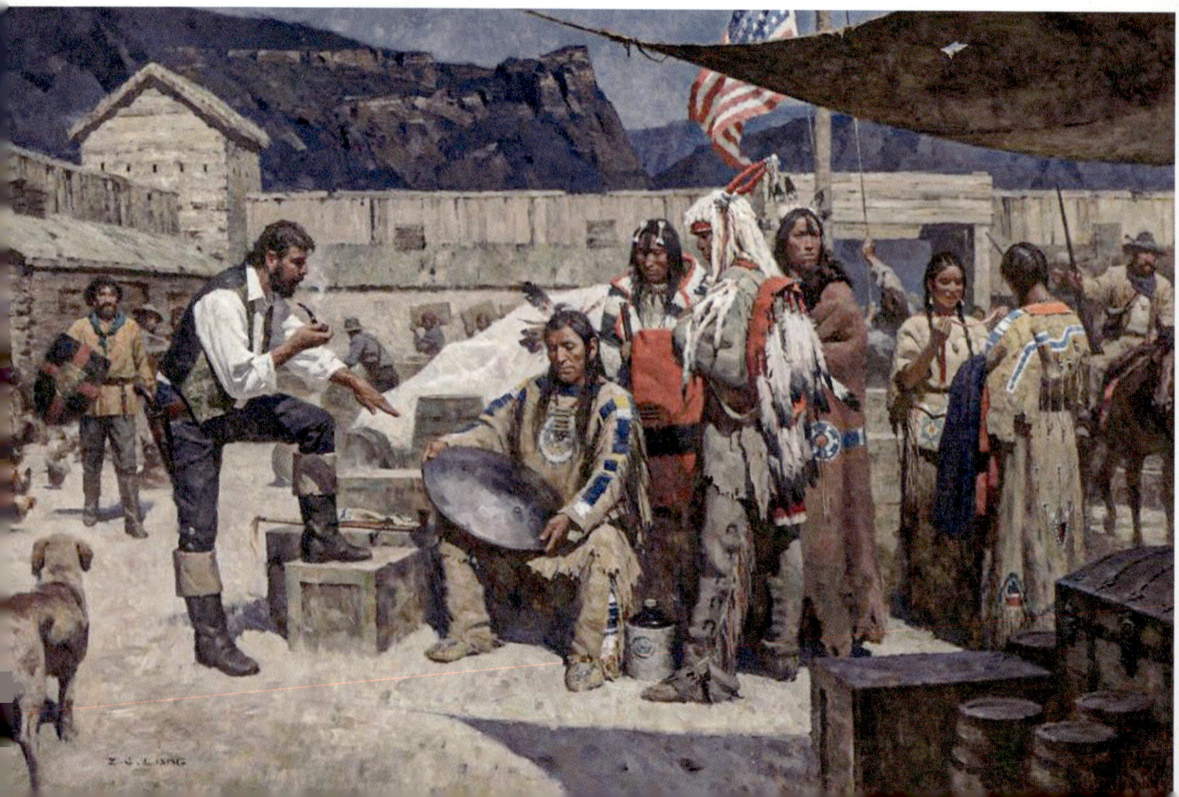

1	2
3	4

1 营寨卫士
2 神鹰勇士
3.铁盾不胜皮盾
4.爱之笛　　　zs.Liang 提供

缴获的旗帜　　　　　　　　zs.Liang 提供

见到了完全一样的玛尼石石堆。

好友告诉我，印第安人在美洲逐渐迁徙的过程，其实是一次从白令海峡不断向南、向东蔓进的过程，一直走到了南美洲的最顶端——人称"世界尽头"的乌斯怀亚，才最后停了下来。我在乌斯怀亚的时候，就曾在路上碰到过一位非常像中国人的当地人。起初，我以为她就是中国人，开口用中文问路。看到她那茫然的表情时，我才意识到，她其实只是一位当地的印第安人。足可见，千万年的历史仍无法改变人们从祖先那里遗传来的面容。

我清楚地知道：无论是题材、风格和技艺，成功的画家都需要找到自己独特的表现语言和与他人不同的道路，我觉得Z先生已经找到了。

望着朋友的那些作品，我曾想过：我们身边的这个世界，可能一直都处于缓慢而不停顿的融合过程。印第安人最古老的祖先三万年前向着美洲的迁徙，其实也可以说是人类为了生存与发展，慢慢实现的亚洲与美洲大陆间的一种融合。而哥伦布发现美洲新大陆之后，欧洲人对美洲资源掠夺性的开发，并引致欧洲人向新大陆的不断迁徙，其实也是一种人类族群间的融合。只不过那时的融合多了些野蛮与掠夺，也给美洲的原住民带来了太多的灾难。而近、现代的世界，全球经济、文化、金融越来越密切的交流、合作与互动，也都验证着人类发展进程中那不可抗拒的趋合、融合的力量！

人类社会的不断融合，才是世界不可抗拒的，源于自然规律的最大的趋势！

我逐渐理解了朋友在绘画印第安题材作品时的那种感悟：画自己。其实，那是画家在用自己的绘画去追问、追寻遥远的昨天，寻求生命真正的价值和意义。

人类也正是在好奇，不停地追问、认知世界的过程中，创造和完美着自身。

一座让人思考的市政厅

去旧金山的时候,天气并不好,只能算是收获了一次阴雨中的城市掠影。幸好,参观市政厅完全不受天气影响,让我得以近距离地感受一下美国的政府机构与民间的关系。

令人欣喜的是,在市政厅里,我们撞上了好几对拍婚纱照的新人。看来

市政厅也是婚纱摄影的取景地

拍摄婚纱照，是旧金山市政厅里的一道"家常菜"，一点都不稀奇。而那天，我们竟然还在

市政厅也是婚纱摄影的取景地

市政厅的大堂里，看到了一群民众坐在台阶上呼喊着口号，抗议警察枪杀黑人（记得新闻中说是数名警察同时向一名黑人开了枪，枪声大作时仿佛在行刑）。查看了一下相关的新闻，其实在2016年，旧金山抗议的民众早已经喊出了"黑人的命也是命"的口号了。

我在现场观察了好一段时间，没看到有人上前阻止他们，更没有人驱赶他们。结婚的新人们，仍然沉浸在自己的幸福之中。楼上、楼下就那么自由自在地和平共处着，各忙各的事情，丝毫也不介意。

突然想起鲁迅先生的一句话：人类的悲欢并不相通。

现在想来，旧金山市政厅里的景象，仿佛是美国社会的一个缩影。

婚礼在说：人生的路上总会有欢乐的时光。

抗议的人群在说：世界的任何地方都不存在绝对的美好。

他们共同的行动在说：你有你的自由，我有我的自由，这是我生命的权利。

市政厅也是婚纱摄影的取景地　　　　　市政厅也是婚纱摄影的取景地

一个云雾里的国家公园

最初，我几乎都想把优胜美地的照片放弃了。

因为在我的记忆中，优胜美地的行程装满了云、装满了雾、装满了雨。虽然，它是除黄石公园外，美国建立最早，也最出名的国家公园。

在公园时，望着不散的云雨，只好趁着雨的间隙，尽力拍了一些照片，倒是对内华达山中高耸、笔直、挺拔的红杉树，留下了较清晰的记忆。

在旅途之中，每天晚上我都要把当天拍摄的照片从相机导进电脑，有时太晚，几乎都来不及去读当天拍过了什么，不承想，重新整理照片，竟读出雨中和云雾中优胜美地不一样的美丽。

可见，人，绝对不要轻言放弃！即使天公不作美，只要你把握好自

优胜美地的红杉树

优胜美地主瀑布

己、认真、努力地去拍就行了！或许，在这样的行程中，你更容易捕捉到与众不同的东西。

而那些不一样，其实，无论对你，还是对于这个世界，都是更重要、更有意义的东西！

别

失望

因为云雾 因为曲折 因为风雨

既然

你选择了旅行

那就等于你选择了

旅程中所有的

幸与不幸的

际遇

微信扫码
看视频，听音频
感受天地大美

唯有

真心拥抱了所有的

风景和道路 相逢与分手

你才会

从曾经的遗憾中读出

岁月曾经的

美丽

一条去黄石公园的路

出外旅行，我总是舍不得路上看到的风景。因为，景点的风景只能告诉你一个个独立的点上的美；路上的风景却可以让你看到线上的风光，进而感受到更宽广的大地上的风云变幻和自然变迁。去黄石公园的路，或许会让你感受到一个更真实、更生动的美国西部。

如果不是在美西，不是这片荒无人烟的地方，我是很难在一个早晨就拍到这么多、这么漂亮的云彩和这么有特色的风景的。

格兰水坝，是20世纪美国人企图战胜自然的一次尝试。不过由于人类对自然的强制性改变，影响了当地的生态平衡与自然环境。现在的鲍威尔湖库容还达不到设计容量的三分之一，根本无法完成人类赋予它的"伟大"使命。

为恢复生态，它周边的水坝已经被炸毁了不少，不知道格兰大坝的最后命运会是什么？

去黄石公园路上碰到的另一处风景就是马蹄湾，景色非常美，但就那么丢在路边上不管了，随便参观，随便拍照。

不过，不收门票，无人管理，景区内也没有任何防护设施，站在悬崖边上时，人真有点儿心惊肉跳。幸好，我带来了无人机，不用走到对岸，也能拍到马蹄湾的全景。

像这样不用交钱就可以看风景的好事儿，我在国内也碰到过。但它和马蹄湾一样，只会发生在人烟稀少的地方。

看来，没有人的地方，往往就会有好风景！

1	2
3	4

1 格兰水坝旁边的山
2 有点儿干涸的鲍威尔湖
3 被丢在路边无人管理也不收费的景点马蹄湾
4 美国西部天空中的云

一道羚羊走的峡谷

在
羚羊峡谷
我曾思索过
究竟是什么样的力量
创造了
这神奇的峡谷

是风
是暴雨
还是
坚硬的红砂岩
抑或是
能连接昨天也能通向未来的
时间的
柔软与坚毅

我只知道
水流与岩石
都经历了 一场又一场
顽强的冲击和坚守

搏杀中
所有的力量
都穷尽了自己

终于
在岁月和荒原的怀抱里
在大地的深处
诞生了一处　不一样的
美丽

　　最早，这是一条走羚羊的峡谷；后来，人们沿着羚羊走过的路发现了一处令人惊奇的所在；再后来，无数的人迷恋上了它。
　　再之后，羚羊就不见了。
　　景色美，照片自然就美；照片美，无论你怎么剪裁也都会美。

走进羚羊峡谷

地面上的缝隙

至今,这条位于美国亚利桑那州原住民保护区里的羚羊峡谷,是我看到过的最美的峡谷。那被暴雨和洪水冲刷过的红砂岩,那一直在曲折中不断变幻着的峡谷,展示着大自然创造力的无可超越的光辉。

微信扫码
与你相遇在每分每秒

- 旅途影像
- 人文音频
- 旅行指南
- 所思所悟

小贴士

在国外旅行如何解决好住和行？其实，这也是一个旅行中最重要的问题，解决好了你可以安心旅行，一路轻松、开心、快乐；解决不好，疲劳和奔波甚至会让你不断改变旅行计划，紧张、慌乱，全无旅游的好心情。

我们的经验是：住和行，必须充分做好功课，提前预订！提前预订虽不能保证全都理想，但好处是有准备，心不慌，紧急中总会有个落脚的地方。我们在美国的全部酒店和机票，都是在出国前已经通过网络预订好了的。办理欧洲的申根签证提供材料时，也需要你提供在欧洲的旅行计划。所以，做好功课是第一位的。况且，提前预订还有个大好处就是，无论酒店还是机票的价格差，都会为你节约下不菲的旅游成本。

迷人的峡谷

发育自三亿年前的拱门

这是美国犹他州拱门国家公园里的一段路。三亿年前,这里曾是大海,随着地壳的抬升,海底变成了陆地。这片岩石的形态非常像我们的黄土高原,但质地却十分坚硬。

岩石间的灌木

　　　　我
　　　无法想象
　　这三亿年间究竟
　　　发生过什么

　　但却顽强地
　　　　相信
我脚下那冰冷坚硬的岩石
　　　　曾
　　肆无忌惮地
　　　喧嚣过
　　　热烈过
　　　柔软过
　　　奔流过
　　　……

　　　　既然
　　　　凝固
　　是生命最后的归宿
　　　已别无选择
　　　　那么
　　就再选择它三亿年的
　　春　夏　秋　冬
　　日　月　星　辰
　　风　霜　雪　雨
　　　　吧

026　世界那么大　多想遇见你

终于到达了精致拱门

好孕育出怀抱里的

那一抹

生命的

绿

见到精致拱门的时候,真没有太大的惊喜,犹他州的拱门,人们都非常熟悉了,我们连去带回只有几小时,又没有合适的光线,想拍出明信片一样的照片,几乎毫无可能。反倒是一路上拍的照片,更让我感动。

珍视沿途的风景吧,这样,即使景点让你微微失望,也至少有别样的收获。在拱门国家公园,最大的收获是完成了上面那首我自己还挺喜欢的小诗。

路边上人们用石块堆起的石塔

热气腾腾的公园

黄石公园，是美国建立的第一个国家公园，非常之大。但其中最主要的景观就是地热了。可能因为公园刚刚才开放我们就进园，天气比较冷，反正我感觉整个黄石公园四处冒烟，一路上不停地看到从地下腾起白色的水蒸气。当然，必不可少的是参观老忠实间歇泉，看它准时按点儿向我们展示它喷发的热情。

我们的导游是非常敬业的来自台湾的何先生，他把在园内参观的景点安排得科学、合理、紧凑，因此，恰好提前十来分钟看到"老忠实"。很快，我们就看到了从最初的烟雾，到之后喷发出的高高腾起的水温达90多摄氏度的热泉。

黄石公园的硫黄泉

喷发后的老忠实间歇泉　　　　　　　地热喷泉

遗憾，总是有的。最大的遗憾，是在黄石公园没有能再放飞无人机。

2009年，我从法国电影家雅安·阿瑟斯·伯特兰执导的纪录片《HOME》中，看到黄石公园那个蓝色的大棱镜之后，就再也忘不了它。来美国之前，还真的计划能够飞无人机从空中俯瞰一下呢。结果，在拱门国家公园时，已经知道了美国所有的国家公园都禁飞，只好作罢。唯有走在围绕着大棱镜的木栈道上，透过浓浓的气雾，隐约地看了看气雾后面的大棱镜，却无法从空中看到那只圆圆的、蓝色的地球的大眼睛了。

走过黄石公园调色板景点

在黄石公园里，留下较深印象的就是黄石上瀑布（既然叫上瀑布，肯定还有下瀑布，我们的团队没有安排）和艺术家观景平台（导游何先生这么称呼，而且说那是他最喜欢的黄石公园里的一个景点）。

所以，我不仅拍了照片，还用相机为黄石上瀑布录制了视频片段。在整理这些照片的时候，不知为啥我突然回忆起童年时的往事：故乡街头的一种流动媒体——拉洋片。

那时，在城市最热闹的地方，总会有一些拉洋片的人，一般他们会有一辆车，并驮着一间流动的黑房子。房子里备有一批自然风光或者是人物与故事类的图片，黑房子的墙壁上开了数个小洞，让人可以向内观看。我就是透过那个黑洞，第一次看到了慈禧晚年的那张照片。当年不谙世事的我心里还想：皇帝怎么会找一个这么老、这么丑的女人当皇后呢？那一次，我是专门花了过年的压岁钱，偷偷去看的。我把眼睛紧紧

瀑布与积雪

有点儿中国山水的味道

地贴着那个黑洞,贪婪地感受着视觉的惊奇,一边还听着拉洋片人为每张图片所做的解说。

时代进步太快,如今的我都可以制作小视频啦!

整个西部游的过程,我的感觉就是:人和车始终都在疯跑着!

记得那天,我们出了黄石公园南门之后,因为已经进入了返程,大巴更是在拼命赶路,赶到了暮色中的爱达荷。

爱达荷,感觉是一个摩门教比较盛行的城市,河岸边夕阳里的摩门教教堂很漂亮。到宾馆后,仍舍不得天空中最后那点光线,放下行李我就跑出去,利用傍晚最后的那点儿光线,放飞了一次无人机。

中国游客喜欢称这里是鹿角小镇

在河边放飞无人机

爱达荷河上的晚霞

微信扫码
与你相遇在每分每秒

• 旅途影像 • 人文音频
• 旅行指南 • 所思所悟

一座装着信仰的城市

信仰，因为信，所以有了仰视和仰望。于是，一个人的意志，就变成了一群人的意志和思想，汇聚成了一种群体的力量。一群人西行的梦，在这里停下了脚步，并让一个城市和一种信仰，在这片土地上开始茁壮生长。

摩门教，是当今世界上最有影响力的新兴宗教，信众近2000万人。

该教派重视家庭，鼓励生育，最初的时候还主张一夫多妻。我想，可能那时候的美国西部太需要增加人口了，以身作则的杨百翰（1847年带领信众来到盐湖城的那个人）自己就有19位妻子，并生育了50多个子女。不过现在摩门教也实行一夫一妻制了。

可以说，盐湖城这座城市就是摩门教信徒建造起来的，现在还是摩门教的总部和全世界摩门教信众心中的圣地。据说杨百翰，带领着信众最初来到这里的时候，曾指着群山之间的这片土地说：就是这里。

一座城市，就那么出现了。

这座城市非常干净，空气十分清新（那些有云的照片可以让你感受空气环境的优异），市民热情礼貌（我们是自己脱团去机场的，处处需要帮助是不言而喻的）。据说，在允许私人持枪的美国，它还是犯罪率最低的一座城市；而它的人均GDP也远超西部的周边城市。不知这一切是否与他们的特殊信仰有关？

还有几个知识点儿，值得保留在这儿：盐湖城半数以上的人都信仰摩门教；19世纪60年代，他们与修筑北美横贯铁路的中国劳工也有着良好的关系（可能与当时双方都在艰辛地拼搏与开拓有关），犹他州是东西双向修筑北美横贯铁路的交接处和会合点。

市政厅前的白狮子和远山的白云

建于1853年的摩门教末日圣徒圣殿

圣灵显现

南方城市迈阿密

这是一座真正的阳光之城。

我真心喜欢迈阿密。虽然她的气候真有点热。但是,她的空气实在太通透了,因此,那阳光、空气让照片中城市的色彩变得异常亮丽。

或许也因为我自己,几十年一直都生活在北回归线附近,习惯了。虽然,那是位于地球另一面的广州。

早晨从酒店窗口可以看见比斯坎湾邮轮码头上的海洋幻丽号

如果人们说美国西部的盐湖城是全美最干净的一座城市,那迈阿密在我的眼中就是一座最自由、最休闲、最适合玩海的城市。

无论如何我都想象不到,这座人口差不多有600万的美国南部城市,在1896年成立时,仅仅有344名市民,其中23名白人,181名黑人。虽然后来经历了二战前后的发展期,但直到1950年,也才只有50万人的样子。

不过,因1959年古巴革命的发生,迈阿密开始大量接收来自古巴的逃亡者,并因此形成了60年代古巴的移民潮。之后,在80年代又发生偷渡,从而造成了这座城市人口的迅速增加。仅偷渡就能为这座城市送来15万古巴人。

20世纪60年代每天两班的"自由航班(freedom flight)"从哈瓦那带

中部的活动桥面时升时落以方便汽车或轮船通行　从酒店准备出海的人

窗户　　　　　　　　　　　　　　　　这座城市的建筑太有特色了

小哈瓦那雪茄店橱窗里的雕塑　　　　　　　　　街边老年人的社交休闲场所

来的是古巴的中产阶级和上层人士，而80年代的偷渡则为迈阿密带来了古巴的底层民众。迈阿密的大部分地区都对古巴流亡者表示了欢迎。这些新移民在城市里逐渐形成了一个西班牙语占主导地位的全新的街区，因此被人们形象地称作是"小哈瓦那"。

当然，后来这座城市也经历了来自海地和更多国家的移民潮。

可以说，迈阿密是美国一座最新的移民城市。当我们走在小哈瓦那街区的时候，不仅看到街头古巴风格的壁画，还闻到了强烈的古巴雪茄的味道。

其实，我们来迈阿密主要是为了搭乘海洋幻丽号邮轮去加勒比海，

迈阿密的城市雕塑　　　　　　　皇家加勒比海洋幻丽号邮轮顶层甲板上的通道

为了方便登船还特意选择了码头附近位于比斯坎湾的酒店。

比斯坎湾并不是什么景点,却给我留下了很深的记忆。现在还能想起它那繁忙的海面,海面上各式各样的游艇,那伸向大海的道路,那道路上可以开合让船通过的桥,还有海湾在清晨和黄昏时段里色彩的变化与绚烂。

真没有想到,我在出发前的广州,仅仅靠着网络,就可以在迈阿密订到这么合适的酒店。要知道:美国,我可是第一次来,对迈阿密更是完全没有概念,比斯坎湾纯粹就是一个根本没有听说过的地方。

加勒比海上的拿骚

巴哈马地处美国佛罗里达州以东,古巴和加勒比海以北,佛罗里达州东南海岸对面,古巴北侧。群岛由西北向东南延伸,长1220公里,宽96公里,陆地面积13878平方公里,由700多个岛屿(其中30个岛有人居住)及2400多个珊瑚礁组成,国土总面积(含水域)25.9万平方公里。

它1649年被英国人占据,1717年被英宣布为殖民地。1783年英国和西班牙签订《凡尔赛和约》正式确定其为英国属地。1964年实行内部自治。1973年7月10日宣布独立,为英联邦成员国。

4000个

海岛和珊瑚礁

再加上500间

银行

巴哈马的拿骚

邮轮带我们去了加勒比海巴哈马的可可岛

养活着

一个漂浮在加勒比海的国家

我只去了

其中的一个海岛

在那间最奢华的亚特兰蒂斯酒店里

我突然想到

人类的生存与发展

更多的一定是依赖于思想的

自由与豪华

虽然码头上迎宾的乐手仍演奏着风格强烈的当地乐曲，但他们却都不是当地最早的原住民。因为，15世纪前生活在这些海岛上的印第安原住民，在新大陆文明的冲击中被彻底灭绝了。

拿骚，是一个小岛，也是巴哈马的首都。巴哈马原本生活着印第安人，1492年，哥伦布第一次来到了这里。但欧洲人的到来，也同时把厄运带到了这片海岛上。之后的16、17、18世纪，无论是西班牙人、英国

码头上迎宾的乐手

人看上它,还是后来的探险者、新移民和海盗利用它,都只给这里的原住民带来一次次灾难。

20世纪,巴哈马独立,并成为一个主要以旅游业和金融业为生的国家,因方便避税的金融政策,吸引了世界各地大量的银行,因此,还被人们称为加勒比海的苏黎世。

巴哈马的六星级酒店

我用滴滴打车叫来了美国的私家车

我们从邮轮返回迈阿密时，去酒店需要搭车。但码头上却没有找到出租车。第一次试着用中文版的滴滴，竟很快叫来了美国的私家车，乘车感受极棒。胖司机很友好，价格比的士便宜多了。

好啦，上照片，有图有真相！

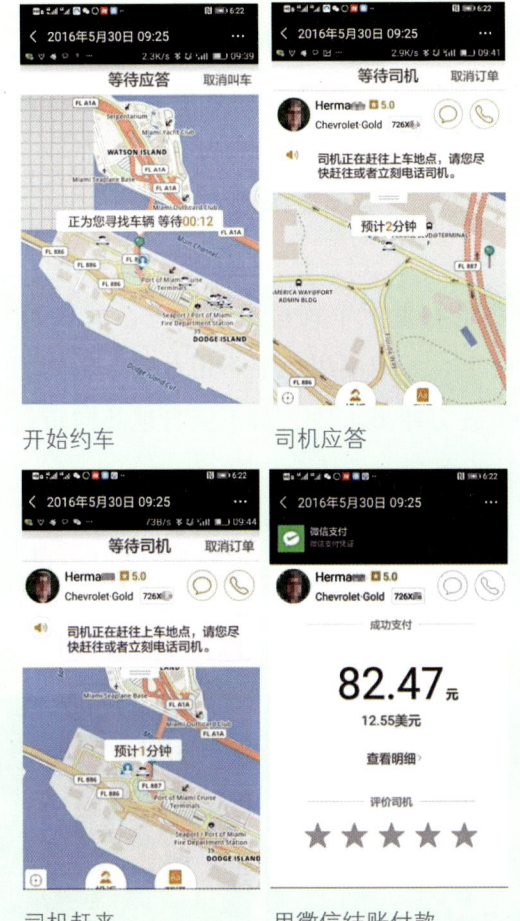

开始约车　　　司机应答

司机赶来　　　用微信结账付款

从那以后，我们在旅游的过程中开始大胆约车了。无论是到了纽约，还是之后去了欧洲。有时用滴滴，有时用优步，反正再也没有出现过人被撂在那儿走不动的事儿了。

到基韦斯特（西锁岛）去

真正促使我下决心到基韦斯特小岛上看看的原因，是小岛的最南端离古巴只有90英里，古巴可是我们这一代人怎么也抹不去的童年记忆和向往之地，再就是岛上至今还保留着一处海明威的故居。

基韦斯特岛还是世界十个钓鱼圣地之一。我在网上看过一段小视频，在码头的栈桥上，人们不用鱼竿不用鱼钩，只要用手摇着鱼饵或者小鱼，海里的大鱼就会冲出水面，奋不顾身地扑向鱼饵，运气好的话，说不定你还能抓到一条几十斤的大鱼呢。

不由得想起了海明威写的《老人与海》中的那条大鱼，如果他没有与古巴老渔夫的友谊，没有他们一次次共同出海的经历，肯定很难写出这样真实、生动、有深度的文学作品。

去西索岛要走过几十座海岛之间的桥　　岛上的酷人酷车

华盛顿的一个纪念日

当
生与死
成为一次
意外的　你无法接受的告别
生者与逝者
就开始了一次漫长的等待
去
守候重逢

于是
在每一个春天
就多了一个不平静的
日子
让阳光下的生命
与黑暗静寂里的生命
再次相逢

抚摸吧
纪念碑上镌刻着的
曾经同生共死过的名字
和　你们共同的记忆
在每一次相逢的日子里
擦亮　你不变的
忠诚

林肯纪念堂前台阶上唱歌的孩子们

  走在纪念园中，我无意间发现：纪念墙上映着从我旁边走过的几位年轻女性的身影。她们身上那红色上衣和花裙子，与纪念墙上牺牲者的照片，和草地上的雕塑叠成一体，显现出几分生命的艳丽与朦胧。仿若生者与死者，昨天与今天，历史与未来全都走到了一起。

  仿佛，冥冥之中真有什么特别的机缘和约定，天底下竟会有这么巧的事儿！让我们两个中国老兵恰好在2016年5月，在美国阵亡将士纪念日这一天来到华盛顿，还恰好来到了纪念活动的现场。

  按说，我们在美国一共有近40天的行程，都是在广州出发前经过认真计划，早早定下来的。无论是到洛杉矶，还是离开迈阿密，无论是西部的行程，还是在邮轮上的舱位，其实都定好了，甚至连机票和船票也都已经出过票，说白了，我们就是踩着一个时间表，完成一趟自己很"心水"的旅行罢了。

战争与和平如影相随

　　不过，我真心地感动在我们美国的行程中，能多出这么一次中国老兵与美国老兵的交集和相逢！当你步下华盛顿林肯纪念堂前的一级级台阶，在纪念堂和方尖碑之间的左侧有一个越战的纪念碑，右侧有一个韩战纪念碑。越南战争和朝鲜战争，虽然那是美国并没有能取得胜利的两场战争，但是，这个国家却给了那些为国捐躯的将士们以最高的尊严和尊重。每年五月最后一个星期一，全国会放假一天，让人们以各种方式表达对牺牲者的敬意。而我们在活动现场所看到的、听到的、感受到的一切，也确实让我的心久久不能平静。

　　越战纪念碑，那片敞开的V字形黑色大理石上，仅仅镌刻着一项内容：在越南战争中阵亡的57000多名美国士兵的名字。记得，当我站在纪念碑跟前，看着那密密麻麻的名字，盯着那一张张年轻的照片，还有一束束鲜花和一件件遗物的时候，我被强烈地感动了：看来任何国家对

战争雕塑　　　　　　　　　　　　　　士兵的群体雕塑

于为国捐躯的阵亡将士，都会怀有深深的缅怀与尊重。

美国阵亡将士纪念日的起源，是因为美国南北战争中，无数将士在战争中阵亡。当那场战争结束后，南部的许多家庭开始祭奠战争中的阵亡将士。但他们不分南北双方，在春天的时候向双方死者的墓地都奉献了鲜花。北方人为此深受感动，将这一举动视为美国团结的象征。1868年后，每年的5月30日便被国家正式颁定为向为保卫祖国而英勇牺牲的士兵们敬献鲜花的日子。

每逢阵亡将士纪念日，美国现役军人和老战士便会排成长长的队伍前往墓地，鸣枪向阵亡将士致意，甚至吹响军中熄灯号让死难将士安息。

非常奇怪的是，当我们站在美国的越战纪念碑前时，我们竟会因周围人群的气氛，因为那些老兵的年龄、摆放在纪念碑下的阵亡者的遗物和照片而感动。我知道那感动是因为我们在这里同样感受到了鲜活生命的消逝。

有点儿遗憾的是，我们只是随团的游客，得听导游的指挥。因此并没有能等到华盛顿纪念活动正式开始，便乘车离去了。坐在旅游大巴上的我还在想：这世界变化得也实在是太快了！1975年美国在越战中失败了，灰溜溜地离开了，而对抗的另一方苏联呢，却在越战结束后的1991年彻底解体了。

这世界上的一切、一切，在生与死的面前，仿佛都显得微不足道，

显得很轻、很轻。

有时，这世界又非常奇妙。你怎么能想到呢，在离林肯纪念堂仅数百米的宪法公园里，那座具有国家意义的越战纪念碑的设计者，竟然会是一个当年才21岁，还正在耶鲁大学读建筑三年级的华裔女学生林璎——林徽因的侄女儿。

林璎在总结她设计的这座纪念碑感受时说过：（活人和死人）将在阳光普照的世界和黑暗寂静的世界之间（再次会面）。她的设计确实完成了这一预想。因为今天的这座纪念碑，已经成为每年全美阵亡将士纪念日最让人魂牵梦绕、心灵依恋的地方，几乎成了越战后华盛顿的一道哭墙。

此刻，我又想到了一百多年前，美国南北战争结束后，那些不分南方和北方，为双方阵亡者都献上鲜花的南方人。战争中死去了太多的男人，那祭扫墓地的，更多的定是南方的女人们。这，才是真正的妻性、母性、人性！

是的，能够维系这个世界走向光明与希望的，唯有爱。

而爱，永远也不应该迷失方向！在当今这个有点儿喧嚣、浮躁、动荡、不安、慌乱的时代，真想能为人类的战争吹响永远的熄灯号。

碑下铺满了亲人带来的祭品　　　　　纪念碑前的旗帜和鲜花

小贴士

从城市如何去机场

你别说，这还真是一个你常常会碰到的问题。

当然，最便宜最快速的交通方式肯定是地铁。同时也可以选择定点出发的大巴。不过因为这时的你，往往要拖着出国旅游的全部行李，乘坐公共交通可能会有些不便。

但也有规律可循：国外靠近机场的酒店一般都会有专门的接送机服务，如果你住到了城市的酒店，要去到几十公里外的机场，就需要在酒店前台提前预约去机场的小型班车。我们在纽约因为要会朋友，酒店订在离中央公园很近的54街，而且朋友帮我们提前一天就在前台预订好第二天出发去机场的酒店班车了。

但还是出了点小情况：当时我们在大堂候车区等待，只见一位酒店工作人员拿着一张A4纸满大堂跑来跑去，还不停地叫喊着，我一直没有明白。后来，当我仔细看了看他牌子上的英文时，才发现那上面写的正是我的名字，这才恍然大悟，他其实一直在到处找我们呢！由此也可以看出，在酒店预订一般会得到非常负责任的服务。

匆匆走过的大学校园

波士顿，是我在美国东部旅游的最后一座城市。

时间有限，走马看花，其实那天，我们也就是步行穿越了一下麻省理工的校区，后来又到中国城解决了一餐晚饭。

波士顿，是美国历史最悠久、最古老的一座城市。这点从城市的建筑就可以看出来。

麻省理工，虽然只算是一次短暂穿越式的参观，根本没有机会去了解更多更深入的东西。但走在校园里，还是有点小小的感动。校园树木

全部由科学符号组成的雕塑作品

奇美、绿草如茵不用说，关键是草地上那学生们读书、学习的姿态自成一道生命风景，自由、散乱和随意，让我们这些体味过师道尊严的游客感到一种新颖和新奇。

想想，这里可是世界上数一数二的大学啊！但这草地上自由散漫的一切，好像并不妨碍麻省理工成为世界最顶尖、最优秀的大学。我似乎又一次理解了自由意志对吸纳知识，开放思维，触发创造的宝贵，当这种品质渗透进一个人的生命中时，它又会产生多么无可限量的力量。

虽属细节，难道不值得我们的教育和教育者去思考和借鉴吗？

在草地上读书的孩子们

美国　跨越时空的友情　053

把自由
还给成长的树
枝叶就得到了繁茂的
生长

把自由
还给不安的海
波涛便积聚起了生命的
激荡

让青春和自由
拥抱校园这片绿绿的草地吧
说不定
生命之树就能生长出创造的枝叶
思想之海就会积聚起
冲天的巨浪

微信扫码
观看配套视频

去中国城也是挺有收获的。

记得在中国城的牌楼前看到满眼的中国字就觉着亲切，更没有想到的是，抬眼还看到了我们黄氏宗亲会的招牌，心里自然更多了几分好感。

恰好到了吃晚饭时间。心想，这是咱中国人的地儿，不用说英语，还能自己点菜，何不自己去吃顿合口味的中餐呢？于是，两人便脱团找了一间中餐馆（记得就在黄氏宗亲会的那栋楼下，老板还是一位广东人）。我们先是在海鲜池里选了一只不大的龙虾，又点了一份苦瓜炒牛肉，还要了一份青菜，一钵榨菜肉丝汤。饭后与旅行团会合时，才知道他们也吃了龙虾，但却是冰冻的（我总在想：波士顿就在大西洋岸边，干吗还要吃冷冻的呢），他们的围餐菜还不够吃，加点儿榨菜老板都没给。禁不住心中窃喜我们的英明决定。对了，他们的餐标是每位32美元，而我们两个人才花了不足30美元，更重要的是，我们吃的可是货真价实、新鲜现杀的波士顿龙虾呀。

波士顿唐人街

波士顿中餐馆的波士顿龙虾

回顾在美国的旅行,最开始是在洛杉矶和美国西部完成了两次跟团游,前后一共停留了20来天;然后,飞美国最南端的迈阿密游历了12天,参观了一个国家公园,去了一座海明威住过的离古巴很近叫基韦斯特的海岛,并参加了一次加勒比海的邮轮行程,在船上休息了几天;再之后,从迈阿密飞纽约,先跟团游了纽约和美国东部的几座城市,最后在纽约拜会了朋友并探望了一位我们十分尊敬的广州老人。

真感谢在纽约的好朋友!我们从波士顿再次回到纽约,只剩下一天多的时间了。她先到宾馆探望,又在家中接待,还陪我们去时代广场逛了逛街,直到最后,在酒店帮我们核实好航班,并在前台订好了我们去机场的班车后,这才千叮咛万嘱咐地离开了。

她大我们两岁,年轻时一直像个大姐姐一样照顾过我们。这次在纽约请我们吃饭的时候,点了太多的菜了,可她自己一直都没怎么吃,大部分时间只是看着我们,并不停地为我们添菜。还说:我可不管别人说什么礼不礼貌,我就是喜欢给朋友夹菜!看着你们吃我才最高兴!真没办法，她点的龙虾可比我们在波士顿吃的那只要大多了。

赴美之前，儿子专门带我们去过泰国，让我们把跟团游、半自助游和自由行全都实践了一遍。毕竟我们已经是两个奔七的老人啦！美国的朋友Z先生其实一直也并不放心。记得我们从洛杉矶离开的时候，他还担心我们路上遗失护照，专门彩打了一套我们两人的护照副本细心地放在行李箱的文件夹中。

微信扫码
与你相遇在每分每秒
•旅途影像 •人文音频
•旅行指南 •所思所悟

小贴士

在国外旅行如何解决好吃的问题？这个问题其实挺难回答。因为众口难调，萝卜白菜各有所爱嘛。

我们的基本经验就是：因旅游的主要目的是来"吃"风景的，具体的饮食方面，只要保证好营养充分，热量足够，就不要再追求什么风味口味啦。尤其是跟团游的时候，可以采取大部分跟团吃，少量自己安排的策略。

还有一点特别重要，无论是跟团还是自由行，无论到了什么地方，都要尽快熟悉附近的超市。其实超市里热的冷的，成品半成品都会有，最差也会有水果、蔬菜、方便面或者是成品罐头。大的超市里还可以提供加热食品的服务。如果有中国超市，你就更方便了！

最简单的找超市的办法就是打开GOOGLE MAP输入两个汉字——"超市"即可。

瑞士

在山湖之间自由行走

Swiss

机翼下的瑞士田野

  当我们在苏黎世机场，一眼看到旅居瑞士20多年的好朋友L女士时，所有的困难和担心，都从脑海里瞬间烟消云散了。有朋友在，心可以放回肚子里啦。

  记得，我们在国内计划出国行程的时候，孩子就一直担心和怀疑：你们两个都要奔七的老人，还不怎么懂外语，非要一次跑那么多国家，能不能顺利回来都是个未知数。于是，当我们即将在纽约结束美国行程时，儿子在电话里和微信上讨论最多的内容，就是劝我们先回国休息一段时间。

  当时的我已经有了点儿在美国的旅行经验，尤其是后半段行程，基本上是我带着妻子独立行走完成的。增长了一些在国外吃、住、行方面的实践经验，我开始对自己更有信心了。加之机票也提前订好了，便下定决心，不再犹豫，勇敢地直飞欧洲。其实，这样做也是最合理的选择。因为从纽约到苏黎世，直线距离只有6000多公里，不到10小时即可抵达；如果飞广州直线距离是12000多公里，整整超过了一倍还不止。

从广州出发去美国之前,我们就和广州的好朋友H先生约好了,要在苏黎世会合的。不过,计划总没变化快!广州的好朋友因家事突然不能前来苏黎世,计划也就落空了。但事情总有它的两面性,正因为此,我们也才得以在瑞士后面的行程中,彻底做了一回完全自由的行走者。尤其是在苏黎世,我们用一种非常放松的心情、慢节奏的速度,悠然自得、随心所欲地去感受这座在欧洲十分发达的城市,去寻找和认识这个两百年来一直保持着中立国地位,没有参与过任何战争的国家。

苏黎世城市虽有些许陈旧,但确实发展得非常完美,这里有欧洲最优秀的大学,最私密的金融,最便利的交通,最美丽的山湖风景。也正因此,城市的消费水平在欧洲也几乎是最高的,我们曾对比过它与慕尼黑的物价,同样的商品有的甚至会贵到一倍以上。

初识苏黎世,只觉得它有点儿陌生,并充满了一种神秘感。这里的人不会像多元的移民国家美国那么爽朗、开放、热情。或许,也因为是

苏黎世古老的建筑

刚从美国来到这里，我们隐隐觉得在他们礼貌的表情后面，总是隐藏着一种说不清的高傲与疏离感。

瑞士处于欧洲中部，是欧洲大陆最高的一块地方，阿尔卑斯山几乎横贯了瑞士全境，所以山地就是瑞士国土的最大特色。也正因它在欧洲大陆上的这种特殊的地理特征，我们从这里向欧洲的各个方向不断发起俯冲式的出击便非常容易。

在欧洲的旅行计划，其实比美国的还要更长一些。两个多月，我们一共选择了五条不同方向的旅游线路。这样，位于欧洲中心的苏黎世，恰好就成了我们的一个旅行中转站。

退休前，我曾两次因公到过欧洲。一次是参加法兰克福书展之后，在西欧走动了一下，另一次，是参加了一场中国人在维也纳金色大厅举办的新年音乐会，又在周边的奥地利、意大利转了转。所以，这次

> **小贴士**
>
> 出国前，我已准备好在欧洲使用的电话流量卡，那是一款在国内购买的包括有十来个申根国家的电话卡。但不知什么原因，这张卡在我真要用到它的时候，却总是莫名其妙地闹毛病。虽然，朋友家里也装有Wi-Fi，可我们总不能整天都待在家里吧？而没有了网络，我一出门就不知道东南西北。更别说我们计划要在欧洲四面八方地游历两个月呢。
>
> 所以，想在国外自由行走，需要有一些最基本保障：保证身体不错，保证通信畅通，保证电信流量充足，最重要的是一定要保证手机里有几个关键的APP，如出国翻译官、GOOGLE MAP、优步、DD搭车，你必须能够熟练地使用。那，才是你随时都用得着的出行宝典！

带妻子出发计划线路时，我有点私心地躲开了那些自己曾经走过的欧洲大城市，选择了一些当年还没去过的地方：第一条线路是去巴尔干半岛的东南线，包括斯洛文尼亚、克罗地亚、塞尔维亚，还经过了一下黑山；第二条，是经列支敦士登，去奥地利、捷克和匈牙利的东欧线；第三条，是经意大利米兰，赴法国南部和西班牙巴塞罗那的欧洲西南线；第四条线，是专程去了一趟巴尔干半岛最南端的希腊，在雅典看了看，并乘船到圣托里尼岛上小住了几日；第五条线，我

小贴士

我们在欧洲制定的五条不同旅游线路，其实是当地不同旅行社提供的旅游产品。为了保险，我们一般都会提前一两天到达下一个跟团游上团的那座城市，自己先在这座城市玩上一两天，顺便也熟悉一下当地的情况，找好集合的地点。

直到我们最后结束了欧洲所有行程后，这才发现：五条线路中有两条，我们都跟了一个叫"欧来欧去GoEuGo"的旅行社，并且发现他们提供的服务比其他旅行社相对更好一些，而且经营的线路也达四五条之多。方便你在欧洲的旅行中，只需面对一家旅行社，在任何有线路的任何一座城市上团或者下团，不间断地游完你计划中的城市。这既方便了自己，又节约资金和总体要花费的时间。

把"欧来欧去GoEuGo"的广告词也抄在这里吧：方便那些以半自助游形式在欧洲旅游的人，共有红、绿、蓝、黄、紫五条路线，每条线路行程七天（一个星期），每天固定行程，全年保证出发，循环不停，线路覆盖了荷兰、比利时、卢森堡、德国、法国、意大利、梵蒂冈、摩纳哥、捷克、奥地利、瑞士、英国、苏格兰、葡萄牙、西班牙，共15个国家的50多座城市。

们就没有再从希腊回苏黎世了，而是直接从雅典飞丹麦的首都哥本哈根，在哥本哈根休息两三天，最后跟上一个到北欧的旅行团，去了瑞典的斯德哥尔摩、挪威的首都奥斯陆，并坐船游了北极附近挪威的峡湾与冰川。

　　如果想在这本书中介绍完这么多的旅游行程，肯定是没可能的。我把瑞士单独挑出来，是因为在瑞士的经历我们不是跟团游，而是自由行。这种旅游经历，对喜欢自由行的朋友或多或少会有一些参考价值。当然，我也会把那些至今都让我忘不了的，发生在旅游行程中的有趣而难忘的事儿一一地告诉大家。

1 | 2 | 3

夏日的苏黎世

欧洲人说：瑞士这片国土，是上帝特别眷顾的地方。

它的高山美，原野美，河流美，湖泊也美；但苏黎世的网络就不怎么给力了。

最初的几天，我的主要任务就是跟着朋友，或者自己一个人，在附近的街区到处走动，想尽快熟悉这座城市。同时，我还特意转了好几间手机商店去选择电话卡，最后，终于在我们住处附近的一个很小的邮电所

1 从房间的阳台可以看见积雪的阿尔卑斯山，我仿佛听到了远山的呼唤
2 苏黎世的大教堂
3 好朋友签约的苏黎世歌剧院

天空骑士（苏黎世阴郁的天空或许是最好的背景）

里，选购到了对我来说最最重要的电话卡，那是一款苏黎世当地的电话卡。换掉旧卡（其实，在后来的欧洲行程中，我发现国内买的卡在欧洲其他国家也仍然可以使用），并拨通了朋友在瑞士的电话，能顺利上网了，这才算是初步解决了通信问题，我们也才真正启动了在瑞士的旅游。

因为有了新卡，就可以方便地使用"出国翻译官"和手机地图了，靠着GOOGLE MAP，我开始有计划地去它的中央火车站，进它的大教堂，逛它没有围墙的苏黎世大学校区，从而既熟悉城市的布局，又使用了城市的交通工具。瑞士使用与我们国内的交通完全不同的系统，他们的公交汽车都是按规定的钟点抵达各个车站的，非常准时。对我来说，一切都是新的，连在汽车站买张票，都需要重新学习。包括瑞士火车票的使用，也有许多和我们不一样的特殊规定。

我们的第一站，就是苏黎世美术馆，离我们的住处还挺远。交通工具是通过中文版的优步APP在网络上约来的，当地一辆法国雷诺风景私家车。

那天晚上，当我们兴奋地从美术馆回到家里，朋友很奇怪，问道：你们是怎么去的美术馆呢？我告诉她是通过网约车，且只需要一句问好，一句OK，司机就把我们送到美术馆了。至今，她眼里那吃惊的表情，我还能回忆起来。

想想当今这个时代，5G已来了，星链都已经开始使用了，科技日新月异、生活瞬息万变。离开了网络，我们很多事情会寸步难行，在欧洲的旅行中，我也充分地感受到了这一点。

载我们去美术馆的那辆私家车　　　　　　　用中文版优步关注行车路线

瑞士不能用DD快车，但优步是可以很快叫到车的。虽然比公交贵些，但乘车感受非常好。

其实，一座城市、一个国家又何尝不是如此呢？我曾在埃及的红海边一间十分豪华的海滨酒店感受过网速缓慢的煎熬，整一个晚上我都在上传一个仅几分钟的小视频，结果还是失败了。可以想见，那样的信息传递速度，又怎么可能让一个国家在当今的时代起飞呢？

毫不夸张地说，我在国外独自旅行的过程中，所有的信心和勇气，都源自智能手机、电话卡流量的充足和网络的畅通。

苏黎世大学区校园小景

我们在苏黎世入住过的酒店外观十分朴素

微信扫码
与你相遇在每分每秒
· 旅途影像 · 人文音频
· 旅行指南 · 所思所悟

小贴士

  在这儿补充一点美国与欧洲网络的情况：2016年的美欧之行中，我的感觉是美国的网络比欧洲的网络还是要好用一些，但都无法和国内的网络速度相比。去年，我们再去欧洲时，使用了中国移动为欧洲留学生设计的一种叫CMLink的卡，使用效果非常好，大部分申根国家都可以使用，而且它还有一个公众号"小移在英国"可以随时办理续费等相关业务。

  建议出国旅行前，你一定要想方设法把通信保证好。因为在国外无论是上团前与导游的联系，还是遇到特殊情况找旅行社，甚至自由活动之后团友的集合，导游可能都是仅发出一个谷歌定位，就让你自己赶到集合地点了。那时候，没有了网络可真是万万不行的。

  但你只要保证好了网络，自然就可以走遍天下都不用怕了。

瑞士的两座山

在瑞士，有两座山你是一定要争取去一下的。一座是位于因特拉肯附近的阿尔卑斯山少女峰，4158米；一座是就在卢塞恩附近的铁力士雪山，3238米。

少女峰虽然比阿尔卑斯山位于法国境内的勃朗峰（4810米）的高度要低一些，但在欧洲却非常出名，原因是你必须乘坐一种特殊的齿轮火车才能到达雪山之巅。铁力士雪山不同的地方是，必须从山下乘坐缆车才能上山。缆车的厢体在上升过程中，会一直不停地作360度旋转，让你可以全方位地观察索道周围美丽的阿尔卑斯山区景色。

在阿尔卑斯山行走的时候，我体验到了宁静与安闲。古老的房子静静地伫立在那里，仿佛能向你诉说很久以前的故事；绿色的草地顺着山势向远方铺展，诠释着这里的生活有多么平静；说不定什么时候，你还能看到从房子里走出一位浇花的老人，静静地为阳台上的花儿浇水，在某一个抬眼的瞬间还会向你微微一笑，几乎要把你的心都融化了。

我知道，这所有的一切，其实都离不开瑞士1815年获得的永久中立国地位，它让瑞士避开了200年来欧洲发生的所有战争。

这种宁静祥和的情景，在我们2016年的欧洲旅行中，却常常会被突发的事件打破。

记得旅行团正在赶往尼斯的路上，突然接到旅行社发来的通知，说取消原定去尼斯的行程。因为那里发生暴恐案，于是大巴车完全没有商量地就把我们拉去了尼斯旁边的香水小镇。

当时大巴车正行驶在南法地中海海滨的公路上，车窗外美丽的小镇一个接着一个，地中海的墨蓝一片连着一片，简直让你的眼睛顾此失彼、应

1 阿尔卑斯山中的小屋
2 高山缆车
3.因特拉肯小镇上那个感动过我的浇花老人

不一样的缆车轮番坐

可乘坐数十人并作360度旋转的缆车厢体

一汪湖水如高山之眼

接不暇。但是，一想到公路前方不远处的恐怖血案，心就一次次地被揪紧，也不由得一次次发问——这究竟是为什么？为了什么？

难道如此美丽的一切，还不能医治人们心中的仇恨与创伤吗？

法国尼斯血案发生仅仅一个星期后，我们也才刚刚离开不久的德国城市慕尼黑也出现了血案，一个年仅18岁的青年，在奥林匹亚购物中心制造了一起致8人死亡10多人受伤的枪击案。

这一切，总让我们感到欧洲的某种动荡与不安，也更让旅途中的我们强烈意识到，瑞士能够取得200年永久中立国地位，这对瑞士、对这片土地、对无法拒绝战争只能期望和平的人民来说，是何等的宝贵。

来来回回，在整个欧洲行程中，苏黎世是我们停留最多的一座城市。虽然到了夏天，但这座城市的天空却整日都是阴沉沉的，不时还会下起点小雨，真有点儿像中国南方的梅雨季节。苏黎世的朋友可能因为在那种环境里生活久了，习惯了。我们的朋友说过的一句话，

从少女峰顶看到的阿尔卑斯山脉

至今仍耐人寻味。她曾对我们说：怎么？下雨就不出去了吗？

也是啊！文明的人类社会都难能有几天晴空万里、无云无雨的好日子。何况是大自然呢？下点儿雨，我们就不旅游了吗？一个好有哲学意味的发问啊！

如果仅从风景的角度看，铁力士山和少女峰我可能更喜欢铁力士山。在你登上少女峰山顶后，基本上看到的都是洁白的冰雪，反倒是你

列支敦士登有这样的一座城堡

　　回到山下时，才更容易欣赏到少女峰变化的美丽；铁力士雪山呢，因为是坐着缆车上去的，45分钟，一路上你已经可以从空中俯瞰山中不断变化着的美景，那些雪原、湖泊、树林、草地、村落，真可以让你大饱眼福一次。

　　原来我一直都没有想明白：瑞士曾经是欧洲最大的雇佣兵输出国，这个山地民族，本应该是善战而又彪悍的，直到现在的梵蒂冈教皇卫队还都是清一色的瑞士雇佣兵呢。可为什么它又会成为一个永久的中立国呢？后来才闹清楚了：能够成为永久中立国，那并非瑞士自己宣布就能够获得的。这是欧洲在拿破仑滑铁卢战败后的1815年，经过战后维也纳会议，而被欧洲大国确认和同意的。

　　瑞士人真应该好好感谢他们脚下这片在欧洲大陆高高隆起的阿尔卑斯山，正是因为国土的位置和它特殊的地理特征，瑞士才有可能在英、法、德、意等欧洲大国之间，发挥战时的某种阻隔和缓冲作用。如今来看，中立国的地位并不是瑞士胆怯和害怕战争，但它却从那以后为瑞士带来了整整200年的安定与和平。

要不，全世界的银行业为什么都要挤着往苏黎世跑呢？就是因为安全啊！

从奥地利方向去铁力士雪山，一定会经过列支敦士登公国。

或许，真正有钱的人，时常都喜欢装出一副没有钱的样子。这是我在经过列支敦士登时用长焦镜拍到的一座城堡，如果放在现代的都市里，无疑，它就是一座贫民窟，但在列支敦士登的山上，它却异常突出而吸引人的目光。

列支敦士登是被牢牢地夹在瑞士和奥地利之间的一个小国，它的国土面积只有160平方公里，小得不能再小了，但人家却也能这么多年，安安稳稳地在夹缝中间生存着，还活得有滋有味：这个袖珍小公国，可以远离战争，把外交交给瑞士，自己只一门心思卖卖邮票，做做旅游，就在自己的家门口赚钱过幸福日子。我去的时候，列支敦士登以人均国内生产总值6万欧元，名列全球财富第一名。

这多让人羡慕啊！

瑞士的直升机一直在少女峰的天空中巡航　　列支敦士登的铜马雕塑

1	
2	
3	4	5

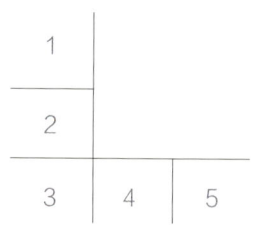

1 红色的跑车驶过列支敦士登的田野
2 清晨有点儿冷清的山峰
3 黄昏时分的少女峰特别温暖
4 少女峰的细节
5 在顶层房间打开窗户，就可以从早到晚一直面对着少女峰

少女峰，4158米，是阿尔卑斯山中的一座山峰；

少女峰齿轮火车的铁路线始建于1896年，1912年通车；

少女峰，至今还由最初开发少女峰铁路的那个瑞士家族经营着；

少女峰，如果从因特拉肯坐火车上山需要花费人民币1000余元，但徒步则完全免费，我们在火车上也看到了徒步的登山者。

其实你上到山顶，并不能拍到什么，周围也就是一些冰雪和远处的雪峰，反倒是在山下你才能看清少女峰的真面目，并感受到它带给你的美感。

为此，我们还从网上专门选择了一间位于因特拉肯小镇郊区，正对着少女峰的酒店住了下来，而且特意向前台要求住到了酒店顶层的房间，尽情地拍了少女峰在一天中各个时段里不一样的光感和风采。

在因特拉肯的那些值得留恋的时光，是我们在欧洲旅行过程中最安静的一段日子。那几天（真的还是太少了），我们每天在因特拉肯城里、郊外到处走走，看看街道两旁所有门前都正盛开着的花，看看那些郊野里无人触碰的水洼中静静的水，看看那亘古不变的雪山和雪山映射着的、从清晨到夜晚总在悄悄变幻着色感的冷冷暖暖的水面。

在那样的宁静中，我也越发清晰地理解着瑞士：其实，1815年的维也纳会议，无论是英、法、德、意等欧洲大国，还是瑞士，在经历过残

少女峰下图恩湖边的小镇

因特拉肯还是世界滑翔伞基地

因特拉肯没有围墙的火车站

酷的战争之后，内心的深处都是渴望着和平的，否则，为什么要让一个小小的瑞士成为中立国而独享和平呢？他们就是想方设法要在欧洲大国间设定一个缓冲的地区，尽可能避免欧洲各国再一次陷入无论是失败，抑或是胜利的新战争中去。

这也才是世界的良心和良知。其实人心的向背，永远都会带领着人类走向未知却一定会更美好的未来。

滑翔伞降落在了因特拉肯的草坪上

雪山·湖·树影

三个湖泊与一条河流
（苏黎世湖+日内瓦湖+卢塞恩湖+伯尔尼的阿勒河）

人们常说：人类，就是在河边长大的。

在瑞士，我几乎想说：人类就是在湖边长大的。因为，这个山地国家有太多漂亮的高山湖泊了。仅40000多平方公里的国土上，竟藏有1500个湖泊，那是个什么样的密度！

我们在瑞士住过的几个城市碰巧都有湖。苏黎世旁边是苏黎世湖，日内瓦有日内瓦湖，卢塞恩则有卢塞恩湖。这三个湖中，最漂亮的当数日内瓦湖了，那湖水干净得让你觉得可以放心地喝上一口。卢塞恩湖呢，则让我们见识了这座城市的湖面和群山间云蒸雾腾的美景。苏黎世湖的湖水，可能因为城市大、人口也多，感觉污染重了一些，水面已不怎么漂亮了，但是湖岸边的公共空间、园林和建筑还是非常有特色的，湖区边上市民休闲区的树林和草地，都非常棒！非常值得走进去看一看，转一转。

在瑞士我曾经有过这样的思索，人生其实有三重不一样的生命境界：物质的温饱、精神的丰盈和灵魂的宁静。那仿佛是生命的三级台阶，或者说是你有可能走进的三个不一样的人生舞台，在不一样的舞台上，你才能感受更丰富的生命内涵。

而它们也是人在生存的道路上不断提升自己的一个过程。

没有了温饱，我们就失去了生存的基础和可能；追求物质和精神的丰盈，又往往会让生命劳累，因为它属于人拼搏和奋斗的那个过程；只有灵魂的宁静，才会让心灵找到真正的家和归宿。能时刻都保持着宁静心态的人，是真正的智者，那是生命阅尽人生、通透世事后，才可以获得的。

苏黎世湖

苏黎世湖边的园林

1 日内瓦湖面正在午睡的白天鹅
2 联合国驻欧洲办事处门前的舞者
3 在湖边聊天的朋友
4 日内瓦湖边的雕塑

  我们的社会，我们的历史都是人写就的，从某种意义上说，追求和平和宁静，也是人性的一种延伸。在瑞士我有了这样的感悟：那就是相信世界一直都在追求，并越来越趋向于走向更高层面上的和平与安宁。

  应该说，我最早知道的瑞士城市就是日内瓦。

  日内瓦还是联合国欧洲总部的所在地，这也更增加了我对这座城市的向往。

  日内瓦湖是好朋友和我们一起坐火车去的，沿途领略了瑞士风光。在车上，我们还意外地认识了一位到过中国的瑞士女士。她见我们是中国人，便主动用中文与我们搭讪，临别还和我瑞士的朋友互留了电话，成了朋友。坐在车上，只觉得这世界变化也太快了。怎么能想得到呢？几十年后，我们普通的中国公民也能拥有这么休闲的日内瓦湖边的时光。

我想，那位瑞士女士在列车上对我们热情，缘于她到过中国，有过和中国人的接触。如果一点感性的认识都没有，又从何谈起人与人，国与国之间建立起深厚的友谊呢？

世界越来越近了，人与人的距离也越来越近了。

我途经卢塞恩参观完毕加索博物馆后，偶然在卢塞恩湖边看到的风景几乎是我一生中看到过的最美的云蒸雾腾的景象，几乎比我在美国黄石公园里看到的地热奇观还更加壮观。我当时还想：大概是山上有冰雪、山下有湖水的缘故，否则，这么多不断升起的云雾从哪儿来呢？

见了花桥肯定是要留张影

082 / 世界那么大 多想遇见你

在铁力士雪山的缆车上

在铁力士山顶与妻子的合影

卢塞恩湖边云蒸雾腾

在跟团游的过程中，总是会结识一些同龄的或者是更年轻的朋友。有两个在英国留学的女孩儿，在旅途中相识。至今仍一直保持着与妻子的联系。每每想起她们俩在维也纳的美泉宫自己跑去吃中餐，还特意为我们打包回好久没有吃的中国菜，我和妻子的心里就会泛起温暖和感动。在铁力士雪山，如果没有她们俩照顾妻子，我真不敢离开太远。说不定还会遗漏掉太多美丽的风景。

欧洲的好多条河流都是从瑞士境内的阿尔卑斯山区发源的。但我却无缘和他们真正相识，唯一留下印象的是瑞士首都伯尔尼的阿勒河。

伯尔尼是我们在去因特拉肯的中途停留的一座城市。它其实还是瑞士的发祥地，也是现在瑞士的首都。那个很有名的世界保护文学和艺术作品的《伯尔尼公约》，100多年前，就是在这座城市里诞生的。

六百年前的街钟

在伯尔尼有趣的事儿，应该是碰巧看见那个由小金人敲响的古老时钟。据说，那个钟楼是600多年前建成的，直到现在还能正常运转、计时，建筑顶端尖塔下的小金人还能准时敲响正点的钟声，而一群配合钟声的各色人物也会随着钟声围在一起打转转。对了，你只

伯尔尼乳色的阿勒河，和从河边走过的情侣

要扫描本文后的二维码就可以听到伯尔尼的钟声啦。

阿勒河的河水真是与一般的河流不一样，河水不是那种纯色的绿，绿中还泛着淡淡的乳色，让人不由得想起乳汁，联想到我们常常把大地上的河流称为母亲河。阿勒河的两岸一边是旧城，一边是新城。那天的天气非常好，虽然时间并不宽松，但我仍然沿着阿勒河的河岸向城市的深处走了挺远。

阿勒河上的桥

几件与艺术相关的事儿

苏黎世的天气对我们并不友好。但无论天气怎样，参观博物馆是不会受影响的。那期间，我们最先参观的是苏黎世美术馆，后来，还参观了位于中央火车站附近的瑞士历史博物馆，并找到了苏黎世一家私人博物馆，那是一间藏在闹市地底下的钟表博物馆，再有，就是我们在卢塞恩湖边找到的、收藏有最多毕加索各个时期原作藏品的博物馆。

参观苏黎世美术馆，我事前没有做功课。所以，参观时有点儿意外地看到了凡·高、毕加索和莫奈的作品，心情还是十分激动的。虽然那些作品，尤其是凡·高的割耳自画像和莫奈的睡莲，在这之前都已经印在脑子里了。

第一件与艺术相关的，并且也是我非常幸运的事儿就是——我和凡·高的画作合了一张影。

当时，苏黎世美术馆的一名热情的工作人员看到我对着凡·高的作品一遍遍拍照，还专门拍了视频，便主动询问需不需要帮我与凡·高的作品拍一张合影。我自然一万个乐意，赶忙把相机递给他。他认真地调整了角度、姿势，按下快门之后，还调出照片审视了一下。或许不太满意，他又请我调整了与画作间的距离，这才再次按下快门。

卢塞恩的毕加索博物馆，则是我在马蜂窝APP上发现的。它离我们住的地方并不太远，藏在卢塞恩湖边的一个小巷子里，我找了许久才摸到它跟前。仅从外观上看，它实在不像是一间有着丰富藏品的博物馆。但不可否

086 / 世界那么大 多想**遇**见你

与凡·高的作品合个影吧　　摄影：车丽娜

苏黎世美术馆收藏凡·高的部分作品（四幅）

卢塞恩的毕加索博物馆展出的毕加索作品

卢塞恩湖边小街里的毕加索博物馆

认的是，这是我在欧洲看到过的，拥有最多毕加索真品的一间博物馆。它不仅收藏了画家各个时期的绘画作品，还收藏了画家的陶作和十分宝贵的照片、手稿等。

已经习惯了在博物馆拍照的我在卢塞恩遇到了麻烦。那天，在毕加索博物馆参观时，我仍然是一边欣赏一边拍照，并没有留意博物馆的提示（而且，我的外语实在太不给力），直到被工作人员提醒，这才知道这间私人博物馆，是不允许拍照的。但那时，我的相机里已经留下了一些毕加索的作品了。幸好，那位女士也没有让我删除已经拍摄的照片。

这张毕加索24岁的人物素描作品，就是其中之一，我蛮喜欢的。虽然它只是画家年轻时的一件习作，但已经可以看出毕加索扎实的素描基础和绘画功力。画面上那十分果断的素描线条，好像已经透露出了画家的性格。我尤其喜欢画家在作品左下方那十分随意、流利的签名。

24岁。好潇洒的签名，好潇洒的人生！

此次瑞士之行中，我还在苏黎世美术馆中第一次看到罗丹的名作《地狱之门》。

虽然，那件艺术品只是一件按作品原大制作的复制品（原作在法国巴黎

1905年24岁的毕加索的素描作品

小贴士

无论是在欧洲还是美国，如果你是跟团游，参观博物馆的时间往往不够。那么，进馆后你的第一个任务，就是找导游要一张博物馆的导览图，选择好自己最想看的东西。很多大型的博物馆甚至备有中文版的说明书。再就是开始参观后，最聪明的办法是一边参观，一边抓紧拍照，有时，你甚至可以不听导游的解说。因为，相应的资料在网络上很容易搜索到。

大部分欧洲博物馆，对参观者都非常友好。无论是卢浮宫还是冬宫，还是大英，都是允许你在不使用闪光灯的情况下进行拍照的。只有少数的私人博物馆或者特殊的博物馆才不允许拍照，但我碰到的次数非常少。更特殊的博物馆也有，比如埃及开罗的国家博物馆需要你再买一张专门的摄影票，才可以在博物馆内自由拍摄。

立于青铜门楣上的《三个影子》，它们其实是变幻了三个角度都保持同样姿态的同一个人

的罗丹美术馆），不过复制得非常精美，我又是第一次见到，所以给我留下了最深刻和鲜明的记忆。

　　罗丹，是我从青年时代就十分崇拜的一位雕塑家，自从年轻时读过《罗丹艺术论》之后，我更成了他忠实的粉丝。他的那句"世界并不缺少美，缺少的是发现美的眼睛"，一直伴随着我一生对艺术的热爱和追求。

　　我对着第一次接触到的《地狱之门》，拍了好多张照片，有表现局部的，也有整体的，还有从各个角度拍摄的。那认真拍摄的过程，也释放了我内心的兴奋、激动和感动。直到我认为已经拍全了，这才停了下来，心里还想着：今后我一定还会不时地翻看这些照片。

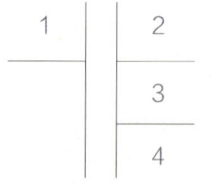

1 苏黎世美术馆院子里的《地狱之门》
2 挣扎在地狱之门的人们
3 欲望的深渊
4 生命的跌落

从某种意义上说，《地狱之门》更是罗丹艺术生命的延伸，他用尽了生命最后37年的时间，打造这一不朽的作品。直到离世，还没有最后定稿。可见艺术家为这件作品投入了多大的心力，寄予了多大的期望。

罗丹用这件作品创造了人类雕塑史上的又一个高峰。

当我站在它面前的时候，感动于雕塑家的执着，也感动于这件作品本身的丰厚。更感

动于它能让所有站在它面前的人，都获得一次灵魂的升华。

　　当一件艺术品能够融入人类最多的情感和最深刻的思想，它就一定是伟大的。《地狱之门》正是这样一件艺术品。

　　瑞士是一个钟表的王国。而这间钟表的博物馆，是我参观过的最接地气的一间博物馆了。它的诞生和成长本身就是一个蛮有意思的故事。

　　Beyer Chronometrie是一间瑞士最古老的钟表专门店，店铺位于苏黎世最热闹的火车站大街上。但令你想不到的是，就在地面正常营业的钟表店地下，竟然还藏着一间让人吃惊的、属于私人管理的瑞士钟表博物馆。

　　我想，那个曾经的钟表店主人肯定是一个钟表收藏迷，多少年在经营钟表买卖的同时，还细心地搜集到了大量古老的钟表和各类计时器，并把它们藏在了店铺地底下最安全的地方。

　　后来，他收藏的钟表越来越多，知道的人也越来越多，希望能参观古老钟表的人也越来越多。终于，20世纪70年代，在一个叫西奥多·贝耶的人的倡导下，钟表店主人终于同意把这些钟表向公众开放，并逐渐

蜡烛计时器和油灯计时器　　　　　　　我在这里第一次看到了古老的沙漏计时器

演变成瑞士苏黎世这间十分出名的钟表博物馆。

当我踏着地下室一级级台阶，走进了这座地下钟表的宫殿，出乎意料的是，工作人员还发给每位参观者一个iPad。而发给我的那个iPad上，已经显示着清晰的中文解说，便于我在参观时不时翻阅，好了解每一件展品。看来，进馆的中国游客还不少。不过，那天我倒没有碰到一张东方的面孔。

感觉真好！太感谢那位最初启动了收集旧钟表的老店主！也感谢把它变成了博物馆的西奥多·贝耶。正是他们二人的好奇和创意，才诞生了这个特殊的博物馆。

在瑞士的旅行，我感受过阿尔卑斯山的美、宁静和安然，并思考过和平对一个国家的宝贵意义；在苏黎世，我在理工学院附近寻找过爱因斯坦学习和工作过的地方；在日内瓦、在伯尔尼、在卢塞恩，我曾沉迷于它的山色湖景，并在脑子里计划着新的旅程；还通过小小的钟表，准确地说是人类的计时器的演进历程，感受着人类创造力的伟大和时代正在发生着的巨大变迁。

还有这样的计时装置

精致的怀表

在这里，我想把整理苏黎世钟表博物馆照片时，写下的一首小诗作为我整个瑞士行程的一个结尾。

或许

正是好奇

把人类文明

引向了一重重崭新的天地

从

一只

小小钟表的

演进　发展

到马斯克

狂妄地　梦想　把人类

移民到火星上去

没有了好奇

所有的成功

就失去了最原始的

动力

就失去了

一个精神的起点和一条梦想的道路

好让你去拥抱

与昨天不一样的

成功和胜利

北爱尔兰
在英国乡村小憩

Northen Ireland

北爱尔兰，是我们延宕了许久的一个行程。

四年前，我们是在旅游的途中和YF女士相遇的，她出国前的家就在广州，没想到大家竟是他乡遇见故乡人。他们两口子在国外已经拼搏了几十年，这些年，正逐渐把自己的事业交给下一代去打理。

下一代的接班让他们的时间相对空闲，所以每年她都会陪先生回国看中医。也因此，相识后大家每年都会有一两次在广州的小聚。而每当见面时，YF女士都在催，催我们快些到北爱尔兰小住一段时间。

2019年春节，他们夫妇俩又从北爱尔兰回到广州。这一次，她竟然把自己儿子为我们准备好的，一整套办理签证所需要的材料都带来了，

古老的工业之城贝尔法斯特

> **小贴士**
>
> **如何从大不列颠岛去到北爱尔兰**
>
> 我们从国内坐飞机去到英国的伦敦，然后再从伦敦飞北爱尔兰的首府贝尔法斯特。如果你已经玩过了大不列颠岛的英格兰、苏格兰和威尔士，恰好又在苏格兰，完全可以不坐飞机，而是过海到达贝尔法斯特。这样的路线，还可以为你节约一些费用和时间。
>
> 从苏格兰的格拉斯哥可以通过坐公交的方式去到贝尔法斯特，从格拉斯哥去过海的距离是最近的。总时间大概是六个小时。公交线路在陆地上的线路大部分是沿着海滨行驶，然后再经过一个小时左右的渡海轮渡，就可以到达贝尔法斯特了。愿意感受一下爱尔兰海的旅友不妨试试。

甚至还包括他们儿子银行流水的复印件。一大沓材料交到了我们手里，就一个意思：你们赶快办手续吧！最好过完年5月份就跟我们一起去北爱尔兰！

望着那一大沓厚厚的材料，我们意识到，很难再推托了。

但最后，我还是把行程一直拖到了八月。因为这一次，我很想看看欧洲的秋天会是什么样子的。

我们是从伦敦进入英国的，在伦敦还需要转换一个英国国内的航班，才能去到贝尔法斯特。而朋友居住的那座小镇，实际上位于北爱尔兰中部，在贝尔法斯特和伦敦德里之间。直到朋友把我们接上私家车，我们才终于搞清楚奥马小镇距离贝尔法斯特其实还有一个多小时的车程呢。这么远的距离，真没有想到他们夫妇二人还专门开车到贝尔法斯特的机场迎接我们，而开车的C大哥的年龄比我还要大好几岁，那份感动不言而喻。

伦敦机场中国银行的广告很吸引眼球

英国乡村印象

到达北爱尔兰的第一个早晨，奥马小镇送给我们的，是一片细雨蒙蒙的英国乡村风景。不过，小雨在这里好像也并不太影响当地人的各类活动。朋友说，每年在差不多一多半的日子里，都会碰上下雨。有了雨的滋润，大地就充满了生机，要不爱尔兰怎么会被欧洲人称作绿宝石岛呢？

无人机拍下的蒙蒙细雨中的北爱尔兰乡村小镇奥马

太想看看北爱尔兰的乡村了，我狠了狠心，让我那架无人机飞向飘着细雨的天空。

细雨里的小镇，更显出了她的安静、漂亮，还有纯朴。当时的我只觉着，小镇就像是一位并不怎么着意修饰自己的姑娘，但又有着十分优雅的气质，就那么自然地，充满了自信和某种矜持感地，静静地在你的面前。

那天，朋友为我们安排的活动，就是在小镇上泡温泉。那可是小镇上的老年人都非常喜欢的一处休闲场所。

终于，可以安生下来了！因为总算又有了一个新"家"了。

北爱尔兰　在英国乡村小憩　101

1 晨光初照
2 走进住处附近的小公园
3 我们就住在其中的一间房子里，航拍的照片可以看出湿湿的地面

到伦敦德里去

我很理解朋友细心的安排：第一天，到达得晚，赶快休息；第二天，为倒时差，只安排在奥马的小公园走走和泡泡温泉；第三天，马上安排我们到伦敦德里去旅游。

北爱尔兰的天气从来都是时晴时雨的。朋友说：说不准刚刚下过雨，几分钟太阳又出来了，也许，刚刚还阳光灿烂呢，一会儿又下起了大雨。

1	2	3	6	7
4	5	8		

1 古城墙的城门
2 城门上古老的雕塑
3 古老的建筑
4 好朋友的孙女陪我们到伦敦德里旅
5 在悬索桥上向我展示刺青的两个男
6 路上看到的一座士兵的雕塑
7 伦敦德里古城墙的示意图
8 与鲜花争艳的老太太

我们出发的时候，天就阴黑着脸，咋办？毫不犹豫，带上雨伞，我们马上去伦敦德里！

伦敦德里是北爱尔兰的第二大城市。那里保存有古城墙（因为历史上从未被外敌攻破，所以被欧洲人称作是一座处女之城），还有教堂和古建筑，当然也有很现代的悬索桥。

城门如旧，岁月并不如旧。匆匆一瞥，发现生活的色彩不只是城墙的灰色，还有20世纪战争的青铜色，少女的粉色和老人的洁白与鲜红。

奥马小镇

从伦敦德里回来后,这才碰到了一次奥马小镇出太阳的机会,我赶忙跑到小镇的街上,想拍拍阳光里的爱尔兰乡村风景。发现每一个院落和房子跟前都装点着不一样的鲜花。

小镇各家门口的花

北爱尔兰 在英国乡村小憩　105

1 位于小镇公园旁边的老人院
2 路过小镇上的雕塑
3 营地周围的树林
4 有它在就有家的感觉
5 古老的桥

好朋友告诉我们，公园旁的老人院只接受收入低下的孤寡老人，而生活条件相对较高的老人是没有条件入住这间福利型老人机构的。

它的院落就紧靠小镇公园，空气环境自然非常好。

阳光对北爱尔兰是宝贵的，阳光对拍摄照片也是宝贵的。当我从窗口看到阳光中的小镇时，便毫不犹豫地抓起手机就跑！

太喜欢阳光里的北爱尔兰的乡村了！

可能是因为多雨，所以，所有阳光下的草地、树木都像被清洗过一样。天空中大片大片的云，一直在并不匆忙地移动着，就在地面留下了一片片的阳光和一片片的云影，让大地变得越发生动。

云好像也特别顾恋着这一片土地

小镇的黄昏天空中的云非常平静

泰坦尼克纪念馆

泰坦尼克的记忆

站在纪念馆的门前,尤其是看到广场上那尊非常优美的女性雕塑时,我的心情变得非常不平静。

我知道那场灾难已经过去了整整108年了，而这个纪念馆建成的时候，灾难刚好过去了100年。我在想，英国人，设计者，怀念者，为什么要花费差不多十亿元人民币去建造这个纪念馆呢？又为什么要把一个裸体女性赴海的形态耸立在纪念馆的门前？

难道仅仅为了娱乐这个世界吗？

贝尔法斯特，是我通过这次欧洲之行才认识的一座城市。后来才知道了，它还是一个造船业非常发达的城市。你只要想想当年能建造出那么大的泰坦尼克号，就可以想象它造船业的水平了。

1		5
	3	
2	4	6

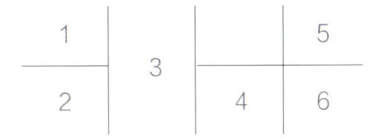

1 贝尔法斯特市政厅
2 贝尔法斯特街景
3 城市的艺术装置
4 港区
5 泰坦尼克纪念馆
6 TITANIC

  这座博物馆建筑本身，倒是让我眼前一亮——它非常现代也非常艺术化。原来一直以为泰坦尼克号邮轮是一艘英国的船，但其实并不是这样，它是一艘完全的爱尔兰造就的船。贝尔法斯特即是其诞生地和出发的母港。

  我一直都想不明白，造船业如此发达的贝尔法斯特建造的船怎么就那么脆弱呢，还没能完成它的首航，四天后，就冲向冰山沉没在大海里了。

  人类之力在自然之力面前是多么无能为力啊！

一次庄园里的聚会

应朋友之邀，到阿D家的庄园做客。

多好啊！阿D先生是一位非常正宗的英格兰约克郡人——待人热情，还很机智、幽默，正好可以让我们接触一下地道的英国人，感受一下北爱尔兰的乡村生活。

庄园的总面积还挺大的，据说有数十公顷。我们到时，男主人还正忙着在庄园里施工，脱不了身，所以女主人独自在家里接待了我们。

其实，我也只在房间里稍坐了一下，就跑到屋外去了。因为我总惦记着看看庄园的风景，在庄园里飞飞我的无人机。

后来，大家聊起来才知道，阿D的先生也喜欢无人机，正琢磨着要

在阿D家城堡的楼梯前

北爱尔兰　在英国乡村小憩　　111

天空中的半道彩虹

北爱尔兰的乡村公路

- 旅途影像
- 人文音频
- 旅行指南
- 所思所悟

微信扫码
与你相遇在每分每秒

与谈吐非常幽默、同时也喜欢无人机的庄园
男主人罗毅先生合影

买一架呢！

　　想起来都有点好笑，我和妻子造访阿D家的庄园，并和来自约克郡的罗毅先生聊天，全都是靠着手机APP"有道翻译官"来完成的。尤其是那一阵子关于无人机的对话，我想其中"鸡同鸭讲"的笑话一定不少。

　　幸好阿D中文英文都非常好,可以不时地为我们纠错,并让现场不时发出一次次会心的笑声。

又是牛扒,正宗的北爱尔兰牛扒

奥马的乡村

去巨人之路那一路上的风景

巨人之路，很有知名度。

它其实离我们住的奥马不远，就在爱尔兰岛的东北部，贝尔法斯特西北80公里的地方，是一片面向着大西洋的海岸。

四万多根六棱形的石柱组成了一条非常难走的石柱之路。

然而，去寻找美丽地方的一路上，你也会遇到更多美丽的风景。

大约在五千多万年前，这里的火山运动，在不断喷发不断凝固的过程中，创造了这四万多根如机械切割成的六角形巨石，形成了绵延数公里的巨人之路。

不知道是不是真的，当地人说：随着地球变暖和海平面的上升，到了下个世纪，人们或许就很难再看到这一世界自然遗产了。

有点遗憾的是：我们刚来到巨人之路主景区，天就又开始下起雨来了，这样，原本被参观者踩踏得光溜溜的石头就更滑了。即使这样，游人仍然很多。

远望巨人之路

1 你需要这样才能走走巨人之路
2 巨人之路的细节
3 也有不是六棱形的地质奇观
4 这样的海滩很原始

1	3
2	4

天慢慢放晴了，于是我忍不住跑到停车场的一个角落，悄悄地放飞了无人机。这次飞行时间很短，拍摄也很仓促，但那画面却足以让我对巨人之路有一个更总体的把握。

观看旅途影像

国王大道上的山毛榉树

《权力的游戏》中的国王大道

　　从巨人之路回程的路上，我们绕道看了看系列电视剧《权力的游戏》中国王大道的取景地，心里还是很满足的。虽然电视剧中中世纪的国王大道，其实就是一条乡村小道。

　　没想到，一部热播的电视剧会有这么神奇的力量，让这一片位于北爱尔兰小镇巴利莫尼附近的一片古树林，迅速在全球走红，成为北爱尔兰最具知名度的景点之一，还被很多旅游媒体评为世界十大最美树木隧道。我们去的时候，只见接近景点的路边停满了各种车辆，我们不得不找了老半天的停车位。而那百多米长的山毛榉形成道路上，则满满的都

北爱尔兰 在英国乡村小憩　117

海滨风景

是人，我等了很长的时间，希望镜头中的画面能干净一点，但无论你从任何角度，都无法拍到一张没有人的国王大道。

一条乡间的小道，就因为斯图亚特家族300年前种上了150多株山毛榉树，竟给300年后的小镇带来如此大的变化。这说明什么？一则，印证了"前人栽树后人乘凉"那千古不变的道理；再则，告诉我们在信息时代，信息传播的速度和广度，可能会比信息本身的价值来得更加重要。

人们还说：清晨和黄昏，是国王大道最美丽的时候，阳光会在地面投下斑驳的树影，让你如入幻境；即使遇上晨雾，这里也会变成一片朦朦胧胧的仙境。对了，现在，国王大道还是北爱尔兰著名的婚纱摄影地，拍婚纱照的也都是从欧洲各地赶来的新郎和新娘。

小贴士

北爱尔兰自由行的一点建议

如果你自己或者有朋友一同出游，北爱尔兰一定会成为你非常理想的旅行目的地，它尤其适合自驾游。整个北爱尔兰才一万多平方公里的面积，景点与景点之间距离都不太远，尤其是贝尔法斯特周边和巨人之路附近，景点繁多，即使都柏林和伦敦德里比较重要的景点，也就是两三个小时的车程就绝对可以到达。它的很多小镇都非常有特色，也适合你换着去住一住，好好拍拍英国的乡村风光。尤其是整个北爱尔兰住宿费用，城市和乡村相差不大，三星级的酒店三四百元左右，四星也就是五六百元。吃的费用更不会没有谱，但比国内还是要高出一些。

建议你下飞机后，根据自己的旅行计划，从机场租一辆车直接去入住预订好的酒店，既省去叫车的费用，还可以节省为旅行租车花费的时间。入住后，就可以开始边走、边换住处，边游景点，尽情感受北爱尔兰的乡村生活了。

白俄罗斯到俄罗斯

抚摸秋冬的阳光

Belarus to Russia

白俄罗斯明斯克机场的到达厅

明斯克的明斯克酒店

或许,人的天性就是喜欢自由的。

这几年经常出发旅游。过程中,留下记忆最深、最难忘的,往往是脱离团队,独自行走的一些经验。也因此,2019年秋天,我们在白罗斯首都明斯克停留的那五六天,就成了我和妻子常常提起的很有幸福感的一段时光。

白俄罗斯是我们2019年在欧洲旅行的最后一站。

白俄罗斯对中国公民的因私护照实行免签,你随时都可以决定行程,只要带上护照、搭上飞机,分分钟可以抵达。

算起来,2019年8月从广州出发已经90多天啦。出发时,广州还是炎热的盛夏,如今到达白俄罗斯,秋天已经来了。

起初,我还计划着想在白俄罗斯跟上个当地团(当地发团,周边旅游的那种），把白俄罗斯重要的景点略微跑一下。但找来找去，团期和我们的行程都对不上号，那时，我们的回程机票已经出好票了，只好作罢。于是，便彻底安下心来，在明斯克不动弹了，就在一个城市里放松地休息几天，只等着回国的飞机了。

我发现自己在网上预订的这间酒店真是非常棒。星级不高，环境极好，客人不多，十分安静。不知道是不是特为中国客人准备的，每层楼都专门设有烧开水的装置。酒店最大的优点是地理位置极好，就在眼泪岛附近，无论是距老城的市中心、眼泪岛、卫国战争博物馆还是胜利公园都非常近。酒店周边不仅有湖，还有河、草地、树林、雕塑，几乎就是个郊野大公园。

走过千山万水 / 感受天地大美

[看视频，听音频，与你相遇在每分每秒]

▶ 旅途影像 作者精心制作配乐，带你领略世界风光

🎧 人文音频 聆听各地人文历史故事，激发旅行灵感

🧳 旅行指南 心动不如行动？旅行小贴士为你准备完毕

所思所悟 ▶ 随时随地记录你的阅读感想。
交流社群 ▶ 快来和书友聊聊你的读书心得。
好书推荐 ▶ 更多精彩好书，一触即达。

开启你的探索之旅
微信扫码

世界那么大 多想遇见你

到了机场，有问题可以找谁？

随着中国人出国越来越多，越来越方便，你无论到了世界任何地方，出机场的时候，在接机的人群中都很容易发现那些打着中文小旗或者是举中文接人小牌子的中国人或外国人。他们中，肯定会有一些旅行社派出的地陪导游，这些人一般都会说中文，甚至说得很流利，其中，还可能有人在中国留过学呢。

特别好的一点是，这种人一般不会拒绝你的中文提问，如果是当地人，更会非常热情地回答你的问题，毕竟这可以提高他们的中文口语呢。

我们在机场就遇到了这样一位白俄罗斯姑娘，她不仅帮我们指点了兑换货币的地方，还热情地为我们指引了进城最优的交通方式。她为我们介绍的那种出租车从机场到明斯克任何地点，都统一收费30元（相当于人民币约100元），与中国的的士费相差不多。

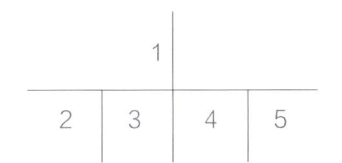

	1		
2	3	4	5

1 我们入住的白俄罗斯酒店
2 酒店旁边的树林
3 树林里的普希金
4 酒店附近我们常常会去光顾的超市
5 明斯克的秋意

眼泪岛

那实在是一场时间拖得太久的战争！比第二次世界大战还要长。

一场局部战争，为利益而发动的侵略阿富汗的战争，不知道是为了天然气还是为了石油还是为了别的什么，竟打了整整10年。交战的双方都为此付出巨大代价和牺牲。

而历史总是出奇卖萌！10年后，战争的最后结局竟是百倍于对手的侵略者的退却，和再过两年后整个苏联的解体与冷战的结束。

1979（战争开始）、1989（战争结束）、1991（苏联解体和白俄罗斯独立），这三个数字就是眼泪岛的大背景。

1991年12月，俄罗斯和乌克兰、白俄罗斯的领导人，正是在明斯克宣布了苏联的最后解体，并从这里给当时的美国总统老布什打通电话，宣布了这个让全世界震惊的消息。

眼泪岛是白俄罗斯独立后很久才修建的，岛子可以说是很小，纪念碑也不大。但没想到的是，建成后却迅速成为明斯克最著名的景点之一。那天晚上我再次登岛的时候，还看到不止一个旅行团在夜色中参观这座小小的眼泪岛。

我知道，那座纪念碑下流着泪的母亲们的群像，喊出了人类心中那共同的声音：反对战争，呼唤和平。

还有一件事也是在了解这个国家时不应该被遗漏的：切尔诺贝利核电站，位于乌克兰和白俄罗斯边界附近。1986年核电站四号反应堆意外爆炸，核原料泄漏让人类遭受了一次巨大的生化灾难。30多年后的今天，电站方圆30公里范围内仍然是铁丝网围蔽着的无人区。没想到，人类的离开，却为植物和动物造就了一片无人为干扰的生命乐园。

白天的眼泪岛

夜晚的眼泪岛

晨雾让城市仿佛浮在了空中

明斯克自由行

  只要时间允许，我喜欢在城市里自由地行走。因为，你用脚步走过的路才是最真实的路，你在行走中观察到的风景才是最生动的风景。借助交通工具的旅行一个个风景在你的脑海里永远只是一些散点的记忆，而通过身体的行走，获得的记忆却能在脑海中呈现出一座丰满而完整的城市。

  明斯克，城市不大，一百多万人口。我就这样不受时间限制，没有确定的目的地，随意地走过了它的主要城区，好几个公园，歌剧院、大马戏团，独立广场和老城广场。甚至还走近了就在市中心的一所监狱。

  无论是这座城市的建筑、公园里的雕塑、国家美术馆中的油画，还是独立广场上列宁的雕像,都在告诉我:这是一座保持了最多苏联味道的城市。

有一天我在谷歌地图查了从宾馆到美术馆的直线距离,仅2.3公里。

步行,稍远了一点。但对于我这个刚住下来、对这座城市不很熟悉的旅行者来说,还是很值得走一趟的。后来,发现这样的决定挺英明的。我正是在去美术馆的路上看到了白俄罗斯歌剧和芭蕾舞剧场,后来还发现了大马戏团,并惊喜地看到了马戏团对面路口楼顶上华为的LOGO广告。

歌剧和芭蕾舞剧院,被掩映在一片树林之中,环境非常好。

剧院的建筑上,和剧院的周围散布着一些与艺术相关的雕塑作品,点缀于林木之间、树丛之中,自然、漂亮。

国立美术馆的藏品没有我想象中的丰富,不过作品选择精当,陈列也很讲究。还特别友好,允许拍照。

美术馆门票成人才8个卢布,也就相当于我们20多块钱吧,如果是学生的话,只需要两三个卢布。很值啊!

独立广场上的列宁铜像

马戏团门前的小丑雕塑

马戏团门前的主雕塑
与街对面华为的广告牌

城市里到处是各类名人的铭牌

胜利公园的湖面

白俄罗斯到俄罗斯 抚摸秋冬的阳光

好专注的摄影师

歌剧院正门上的雕塑

树林里跳芭蕾的姑娘

白俄罗斯到俄罗斯　抚摸秋冬的阳光　　／　131

1 老夫少妻
2 雕塑作品
3 绘画作品

1 独立广场上的雕塑
2 战争的浮雕
3 母亲的雕塑
4 士兵的雕塑

在明斯克卫国战争历史博物馆的门前,我很喜欢广场上士兵告别的双人雕塑,喜欢它的朴素、它的真诚、它的单纯。我在不同的时段里,为这座雕塑从不同的角度拍了好多张照片。

博物馆的设计者,可能正是想通过这件雕塑告诉人们:什么是战争?

战争,是别离,甚至是永远的别离;

战争,是生活的撕裂,要彻底撕碎你原有的生活;

战争，是流血、是牺牲、是眼泪、是悲伤、是不愿放开的手。

博物馆内也挺让人感动的，它用实物、置景、绘画、雕塑，还原了真实的战争场景，让参观者身临其境；另外展厅里与战争相关人物的单人雕像非常多，看出设计者对人的尊重；博物馆的玻璃拱顶，以白色和金色作为主色调，把顶层的空间打造成了一间可以与天空相连接的金色殿堂，镌刻着战争中牺牲者的名字，以为永远的纪念。

博物馆广场上的雕塑

终于来到了俄罗斯

我仿佛是从很远的昨天走来,来看一个早已存在于心中的国家,一座早已经熟悉了的城市,和生活在那里的人们。

我们这一代人很特别,在与新中国一起成长的历程中,我们与那个北方国家有过太多的爱、恨、情、仇、纠葛、恩怨。它曾经是一段无法摆脱的存在,一种生命的情结。

但无论如何,少年时代、青年时代曾读过的书却无法从脑海中清零。于是,卓娅、舒拉、青年近卫军中的那些孩子们,以及后来读到的普希金、高尔基、托尔斯泰、果戈理更多的书籍与故事,还有红旗歌舞团的纯男声合唱,与小白桦舞蹈团的舞蹈,就被永远地印在记忆之中了。

人对熟悉的事物总有一种亲切感,还会有一种探究的热情。退休后,我身边的同龄朋友早就急不可耐地跑去俄罗斯了,虽然,这时的它早已经丢失了曾经的名字:苏联。而我一直等到2019年,才计划了这趟俄罗斯的行程,在一个冬天从四季如春的昆明飞向冰雪中的莫斯科。

一大早赶去红场,仿佛是为了要解开心中的一个结,好释放从少年时代就开始的一种奇怪而神秘的憧憬。

反正说不清楚,究竟是什么原因,当我们赶到红场的时候,心却感受到了一种特别的平静和冷静。或许,是因为我看到的是自己早已非常熟悉并崇拜过的街道、建筑,和一个比我想象中要小很多的广场;或许，是因为俄罗斯的天气太冷，早已经冷静了我曾经的、莫名其妙的热情。

不过，人只要经历过了一件事物从两个极端之间的往返，就能够多一些客观、现实与清醒。我发现，历史其实没有真相，它永远都在被现实一次次地修饰和调用。旅游有可能把你从前散碎的各种知识拼凑起来、综合起来、系统起来。

在圣彼得堡参观冬宫的时候，我就有这样的感觉。那天，我恰好站在一幅表现库图佐夫的油画面前，耳边突然响起了非常熟悉的柴可夫斯基的交响乐《1812序曲》，我之所以能够记住这部乐曲，并不因为我对音乐有多深的研究，而是我在青年时代第一次听到这首乐曲中出现了轰鸣的炮声时，觉得很新奇，对它留下了非常深的印象。当然，也因为后来我喜欢上了柴可夫斯基这位性格忧郁的音乐家，喜欢他创作的好多

冰雪上的鲜花

红色的建筑与白色的天空

金色的双头鹰

瓦西里升天教堂

红墙下的墓碑与鲜花

风雪中等待参观列宁墓的队伍

灯光的街道

瓦西里升天大教堂

音乐作品，如《天鹅湖》《悲怆》，还有《如歌的行板》，等等。

据说，在某些特殊的演出场合，俄罗斯人甚至会动用真正的大炮，加入到《1812序曲》的演出之中。

在俄罗斯的历史中，曾出现过两次卫国战争，《1812序曲》表现的是俄罗斯人抗击法国拿破仑入侵的战争，被人们称为第一次卫国战争。第二次卫国战争，则是1941年抗击德国希特勒的那场战争了。

两次卫国战争都因俄罗斯的英勇和原野上的冰雪（我认为起码是部分胜利因素）获得了胜利。

俄罗斯人几百年下来，疆域还在不断扩大，从彼得大帝到叶卡捷琳娜，俄罗斯人一直崇拜的就是开疆拓土的英雄。

二战结束已经70多年了，俄罗斯人从没有停止过对

红场

卫国战争的纪念和守护亚历山大公园里的这团长明之火，一代代的士兵永远都默默地、忠诚地站在那团长明火面前。

我知道，俄罗斯要守护的是一种俄罗斯人的精神。

不过总体来说，俄罗斯人比较冷漠和高傲，对来自中国的旅行者，他们不像美国人那样会主动与你打招呼，热情地问候，相反会用面部的表情与目光自然拉开与你的距离。

导游说这是俄罗斯天气（每年圣彼得堡只有70天可以见到阳光）的原因造成的，不知道是不是真的。

无名火前士兵的钢盔和旗帜

童话般的谢尔盖耶夫镇

俄罗斯的冬天真的很美。这是我强烈的感受。无论是莫斯科还是圣彼得堡,无论是谢尔盖耶夫镇,还是冬宫、夏宫,都给我留下了非常特别的印象,当时,新年刚过不久,商店、街道、公园,到处都还洋溢着新年的气氛。

尤其谢尔盖耶夫镇,实在太美了!

我个人对东正教几乎是没有什么概念和了解的。但小镇上的这一片宗教建筑群,特别是在飘雪的冬日里,能让人在看见它第一眼就产生"童话世界"的印象。还记得,我们旅游车还没有停下,就有团友在惊呼:童话世界!童话世界!

建筑群中有一座三圣大修道院,那可是东正教非常著名也非常古老的修道院,在俄罗斯信众中享有崇高的地位。

童心,其实是人的生命中非常宝贵的东西,它包括丰富的内涵,如单纯、善良、纯洁、天真、好奇,等等。而对着这片建筑我在想:在繁杂而痛苦的世界里,宗教如果能够让人的心回归纯真的童心,其实也是一件非常美好和值得的事情。

小镇上宗教建筑,是在不同的年代,由不同的建筑师设计和建造起来的。因为被信众所认同,才能一直保留到今天。不知道:唤醒人类生命中的童心,是否也是当年的建筑师和宗教一致的认同?

1 谢尔盖耶夫小镇
2 走过小镇的牧师
3 洁白的雪与教堂
4 教堂的外墙

白俄罗斯到俄罗斯　抚摸秋冬的阳光

参观地铁站

我们在谢尔盖耶夫镇吃完了俄式大餐，直接赶回莫斯科参观地铁站。

现在建设地铁，人们越来越重视它的实用性了，没有谁会特别重视地铁建设中的艺术追求。这可能因为人类现在对地铁已经是一种纯功能性的需要了。但让人欣喜的是，走进莫斯科地铁站时，你会吃惊。因为在莫斯科的地铁站里，人们还能在站台上，在地铁的甬道中收获许多建筑的、艺术的、历史的感动。

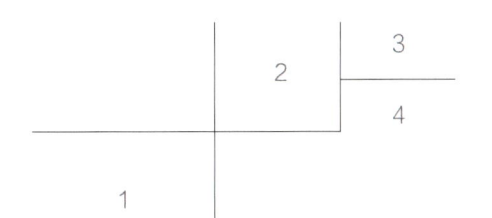

1 地铁站里的库图佐夫和他的将领们
2 十月革命的战士
3 车站里的绘画作品
4 地铁站的手扶梯

  我们参观的几个地铁站，相对于莫斯科庞大的地铁系统来说非常有限。但是，当走在那布满了雕塑和绘画作品的站台，穿行在那些设计精美的廊柱之间，我仿佛突然完成了一次时空的穿越，感受到了一个从前的年代。

  在基辅车站我们准备离开时，大家匆匆走过了一个挺长的甬道。在通道的尽头拐弯处，整个墙面是一幅表现库图佐夫的巨幅画作。越走越近时我的心里还在想：为什么苏联时代修建的地铁，会容许一个沙皇时代的英雄如此炫酷？离开后，这幅画久久萦绕在我的脑海中。

胜利广场

每一个民族从性格上来看确有许多不同。

在俄罗斯,或许是因为他们没有中华民族那样漫长而悠久的历史,于是便异常珍爱自己的历史,更热爱自己民族在不同的历史时期诞生的英雄。他们可以让沙皇时代和革命年代的英雄共处一室、比肩而立。列宁的革命并没有破坏沙俄时代的冬宫和夏宫,而苏联的解体也并不影响人们对十月革命的尊重。

这大概也是一种传统吧?

其实,历史就是那么一步步走来的,每一段历史其实都只能完成它自身的某种历史作用。而任何一段岁月都无可逃脱:今天,永远是在昨天的基础上开始并发展起来的,无论再美好、再不美好,都一定还要继续向着明天前行。

我想,不敢回望历史的民族是愚蠢的民族,不能正确看待历史的民族是幼稚的民族,不能从历史中汲取力量的民族是可悲的民族。

不知道为什么,很多时候,我总希望人们在争论和看待历史与历史人物的时候,多一些角度,多一种客观,多一份尊重,多一点宽容!

其实,在胜利广场上的时候,我就一直在想:二战都已经过去半个世纪了,俄罗斯为什么还要在自己的首都莫科,再建起这么个胜利广场呢?

俄罗斯当年的彼得大帝,为俄罗斯开疆拓土做出过巨大贡献,他一生最大的功劳莫过于为俄罗斯打通了波罗的海的出海口,并且还在芬兰湾建起了自己的夏宫。叶卡捷琳娜二世呢,则发动了六次大的战争,为俄罗斯向南向西拓宽了63万平方公里的疆土。想想从彼得大帝开始仅300多年的时间里,俄罗斯一共扩张了多少土地啊!

我想,建胜利广场,就是要给俄罗斯人树立起一种胜利的信念,所以广场还建有一座胜利女神纪念碑。广场、纪念碑、阅兵式,就是要把一种胜利的意志植入到俄罗斯人的心里和俄罗斯民族的肌体之中。

夜晚的莫斯科胜利广场

卡罗明斯克庄园

走进卡罗明斯克庄园

我们是下午去的卡罗明斯克庄园。

非常幸运，那是我们在圣彼得堡停留的好几天时间中，唯一一次看到了蓝天，并感受到了一点儿夕阳和晚霞的日子。想想吧，天天都下雪，好多天都没有看见蓝天了，能再见阳光，人会多高兴！当时只觉得，霎时所有景物也跟着变得更加清晰、生动、漂亮了，但时间还是太短。

这次冬天来俄罗斯，是为了看冰雪的，但也让我实实在在地感受到圣彼得堡有多么缺阳光！这么寒冷的天气，人，会被大自然塑造成啥样

伊凡雷帝教堂的蓝顶

的性格和脾气呢？

很早就在画册里看过列宾的名画《伊凡雷帝杀子》，导游告诉我们这座教堂还是伊凡雷帝杀子的原始现场。我无法考证他这说法的真伪。但想着我们参观时的阴郁天气，让人不由生出一种对权力阴森、恐怖的感受。

反正在中国的历史当中，我读到的寒冷的北方少数民族，一般他们的身上往往写着更彪悍的一些特征。认真想想，那也是环境造成的。为了延续族群的生存，他们从冰雪的北方骑着马，冲向南方，冲向有太阳有阳光的地方，抢走粮食、拉走牲畜，最源头的考量可能就是为了熬过寒冷的冬天。

我估摸着俄罗斯民族生活在更北的地方，这种寻找温暖和阳光的热情一定会更强烈。也正因此，面积原本只有数百平方公里的莫斯科公国在后来的几百年间，竟拥抱了一千七百万平方公里的国土。

突然记起前些年一个冬天到三亚，意外地在海滨见到了不少俄罗斯人。据说，海南岛最南端的三亚，除了东北人就数俄罗斯人最多。从人的某种本能分析，东北人是为了躲避寒冬，这些俄罗斯人和他们的祖先一样，也是对温暖、对太阳有着无尽的向往。不过，虽然都是追求温暖，现在坐着飞机冲向温暖的三亚海滨，还是比较文明，比较合理，可以接受的！

好几年又过去了，海南岛的俄罗斯人该更多了吧！

雪中的红门

察里津诺庄园

我们去的时候,天气非常冷,游人自然也非常少。

不过,这也恰是冬天旅游的一大优势。没有人和我们争公园、抢风景,你可以静静地浏览、观赏。

更没有想到的是,我还能在庄园里飞了一次无人机,也是因为人少,地方很僻静,也很空旷。

特别喜欢无人机拍回来的那张庄园核心区的照片。大面积的树林,像是在拱卫着、保护着这片皇家建筑似的,那片树林让建筑有了依托,也让园区多了变化。当然,白雪的覆盖更增添了画面的诗意和美感。

导游告诉我们说,察里津诺其实是一座以湖水为特色的庄园,现在水完全被冰雪覆盖了,如果夏天来的话,可以观赏到大面积的湖水和潋滟的波光。

这次的俄罗斯行程,我们在莫斯科只参观了两个皇家园林,另一处是十六世纪开始修建,历数代沙皇才建成的卡罗明斯克庄园。

我有一个强烈的感触:由于"监工"(沙皇和女皇)的不同,两座皇家庄园被赋予了鲜明的个性。卡罗明斯克庄园带给你的是随意和粗犷感,察里津诺庄园则会让你感受到一种藏在建筑和园林中的柔美和细腻。

圣诞还没有结束

冰封的湖面和桥

白俄罗斯到俄罗斯 抚摸秋冬的阳光 149

从空中看察里津诺庄园

庄园的雕塑

积雪的双灯

彼得保罗要塞

我们是坐火车去的圣彼得堡，本来想着坐火车可以看看俄罗斯茫茫的雪原、一望无际的森林，但由于是夜车，尤其是越往北走天亮得越晚，当我们从圣彼得堡下车的时候天还没全亮，夜里数次醒来，其实啥也没有看见。

俄罗斯很重视自己历史。300年前建成的要塞保护得很好，在里面行走，绝不会感到什么太陈旧的迹象。

这座要塞当年可是彼得大帝亲自选址并监工建成的，当然，建要塞就是准备打仗的，六棱形的要塞，有的地方墙的厚度可以达到四米。在300年前的冷兵器时代，可以说是坚不可摧。或许，正因为有了这座像小城一样的要塞，才保住了大片从别人手中抢来的土地，才建设了圣彼得堡这座美丽的城池，才让今天的我们仍能欣赏到岁月留下来的一切。

冒雪走进要塞的旅游者

雪的树与雪的宫殿

波罗的海海滨的夏宫

说真的,这次的俄罗斯行程,我就是冲着它的冰雪来的。

几十年一直生活在南方,从14岁离开家乡,我几乎就没能真正再见到过大雪了!即便偶然碰巧到北方出差,又能巧遇那么一场雪,雪花差不多也就一落即融,不会留下什么雪的记忆。而这次的俄罗斯之行,起码有八九天的时间一直与雪为伴,与风雪同行,算是过足了雪瘾。

真是好怀念童年时经历过的那些飘雪的日子,释放一下想念雪的那份真情。这一目的,通过本次俄罗斯之行,算是超额完成了任务。因为,在俄罗斯的日子,几乎天天都在下雪,只不过有大有小。在这里我见到了比童年时的小城更厚、更大、更漂亮的雪景,特别是在波罗的海芬兰湾的夏宫,当我升起了无人机,第一次见到了洁白的、冰封的、一望无际的海面,看到了被冰雪覆盖着的夏宫的全景,心里暗暗地琢磨:夏天或者秋天的时候,一定得争取再到这里来看看。

不知为什么,我在细读这些航拍画面时,突然想起了中国画的白

世界那么大 多想遇见你

白俄罗斯到俄罗斯　抚摸秋冬的阳光　　153

1	
	2
3	4	5

1　夏宫
2　想象着夏天的夏宫一定很美
3　喷水池的雕塑
4　雪中的喷泉池
5　吹号者的雕塑

1 芬兰湾与夏宫
2 瓦西里岛上的海神柱
3 飞翔的铜狮子
4 被敲去了胡子的狮身人面像
5 列宾美术学院正门上的雕塑
6 涅瓦河边的建筑

白俄罗斯到俄罗斯　抚摸秋冬的阳光　　155

描、留白与淡彩。一代代不停探索的画家，其实都在大自然中汲取了不尽的灵感，才形成了自己的绘画技艺。

这几年常常走在漂亮的山水里，好像不时都在帮我从现实里印证一些绘画的真实性，包括以前我站在画作面前，会无知地认为那是画家造出的色彩。其实，它都能在大自然中找到最本原的存在。

或许，伟大的画家，最后都会达至同一种境界，那大概才是一种至高的艺术境界吧。那就是：师出自然，超越自然。

圣彼得堡1703年建城，1712年定都。至今300年已经过去了。

这座城市也再一次证明：人类与城市不仅是在河边长大，它还是在海边长大的。其实，在这一点上，它和我一直居住的城市广州非常相似。不知道为什么，虽然是寒冷的冬天，但圣彼得堡带给我的感觉里，有一种亲切的东西。相反，在莫斯科的时候我就没有这种感觉。

我在涅瓦河边还看了看阿芙罗尔号巡洋舰，那可是一艘改变历史的军舰，遗憾的是当天舰上并不开放。

在河边行走的时候，我突然觉得这座500多万人口的城市，似乎都集中在了涅瓦河畔和涅瓦大街上了，圣彼得堡就建在涅瓦河的入海口处。

由于城市分布在涅瓦河支流切割出的大大小小的海滨岛屿上，所以也被人们称作俄罗斯北方的威尼斯。人们常说：有河流的城市总会充满灵气，圣彼得堡自然也不例外。

18世纪初，在这里，彼得大帝建起了俄罗斯第一支舰队——波罗的海舰队。这可是俄罗斯历史上的一个大事件，一个内陆国家终于拥抱到了大海。我能想见彼得大帝在完成霸业后的兴奋和激动，也能理解他为什么会花那么大的工夫在俄罗斯的北方，狂热地建设了一座地球最北部人口最多的城市。据说彼得大帝个子很高，我想，说不定他是想把圣彼得堡打造成一座耸立在俄罗斯大地上的，纪念他丰功伟绩的纪念碑。

冬宫广场上的阅兵演练

观看旅途影像

参观冬宫前，碰上了广场上的阅兵演练，团友们异常兴奋。

当时，所有人都不怕冷了，也不急着进冬宫参观了。

拍照片，录视频，听军乐，看队列。我这个中国老兵也傻呵呵地在冬宫广场上，好好过了一把检阅别人的瘾。

偶然事件的出现，往往对人有着某种特殊的意义。它带给我们的感受和留下的记忆往往是长久的、深刻的。如一次脱队后的迷茫，一次误机时的慌乱，一次意外的发现。总之，那些不在你计划中的事件突然发生了。很久以后，其他平淡的经历和过程，都已经淡忘了，只有那短暂的、意外的经历，会深深印在你的脑海中。因为，它用偶然改变过原来的你。

其实，仔细想想，人的一生，往往也就是几个你没有计划过的意外和偶然，才真正改变了你并塑造了后来的你。

参观冬宫

冬宫外窗顶部的装饰性雕塑

很难为冬宫里的艺术品分类,其中的雕塑和绘画作品几乎散布于冬宫所有的展厅和通道。

只说说那个孔雀时钟吧,据称它是整个冬宫的镇馆之宝。它高三米,由一棵金橡树、一只金孔雀、一只金雄鸡和一只金猫头鹰组成,是由英国的一个制作团队完成的。所使用的金子,全部都是俄罗斯产的紫金。

令我感到有点意外的是,导游介绍说:这个价值连城的时钟最初是为中国制造的,后来不知道什么原因,却由俄罗斯亲王波将金买下,敬献给了叶卡捷琳娜二世。

冬宫的走廊

站在孔雀时钟跟前,我也想过:这也不奇怪,十八世纪的俄罗斯还处在农奴社会呢,一代代沙皇和叶卡捷琳娜二世都在忙于扩张版图,而那时的我们却正处于中国最后一个封建王朝的鼎盛时期。

我只是惊异:后来怎么会那么快就不再卖给中国了呢?只稍稍改动一下,就献给了叶卡捷琳娜二世,并从此永远保存在了俄罗斯的冬宫之中。是当时的中国国力不济了,还是叶卡捷琳娜太喜欢这件紫金打造的宝贝了呢?

1	2
3	4
5	6

1 名画的局部
2 冬宫保存的库图佐夫的油画
3 儿童雕塑
4 女人雕塑
5 展厅中的外国展品
6 这应该是凿取了雕塑作品的局部

1 估计是埃及的文物
2 雕塑的局部
3 雕塑的局部
4 黄金打造的座椅
5 紫金孔雀时钟

旁边的大屏幕在不停地展示着金孔雀敲钟开屏的过程，但是，我们却没有时间等待到实物孔雀开屏了。

冬宫的藏品非常丰富，它是你到圣彼得堡一定要去参观的地方。

而且，冬宫的藏品并不都是俄罗斯自己的文物或艺术品。它和法国的卢浮宫、美国的大都会、伦敦的大英博物馆一样，同时还收藏了世界各个国家的文物与艺术品，因此，也被人们称为世界四大博物馆之一。像埃及开罗的博物馆虽然也很大，但基本就是埃及的文物。我们的故宫里收藏的也主要是中国的文物。

写到这儿，我突然想起了亚里士多德的一个小故事：有一天他的学生告诉亚里士多德，市场上有很多便宜的东西。他问老师：大家都在买，为什么老师不去买一些回来，亚里士多德抬起头看了他的学生一眼，回答的大意是：我不会因为便宜而去买东西，只会去买我需要的东西。

这个世界上的东西实在太多！现代社会，肯定比公元前的古希腊市场里东西更多。但无论在任何时代，有些东西，只需看看就行了的；有些，则因为有需求，是可以拥有的；有些，则是你必须无比珍爱，才能为这个世界保存下去的，就像冬宫里的那些藏品。

冬宫的藏品太多了，据称有270万件；

冬宫的房子太多了，人们说有一千多间；

如果把所有房间走完，需要走二十多公里的路。

冬宫内布满了外国文物的展厅　　新年的城市装置还亮着灯光

可惜，我们在里面仅仅是参观了它很少的一部分，因时间所限。

世界四大博物馆，我最先参观的是巴黎的卢浮宫，第一次时间自然也不够，法国导游只是带着我们在卢浮宫里跑，忙着把《蒙娜丽莎》《胜利女神》《断臂的维纳斯》都看到了而已，当然也参观了一些最重要的展厅，可时间非常紧。也因此，我在第二次到巴黎的时候，就相对轻松地花了一整天时间来补卢浮宫的课。2016年去美国大都会艺术博物馆那次，也是跟团游，幸好我的腿脚还算利索，同时，也有了参观卢浮宫的经验，于是，拿了说明书就脱团自己一个人在馆内乱跑起来，总算是在规定的时间内跑到了大部分展厅，虽然看得很不仔细，但收获还算不小，起码拍回了一大堆照片。

这次的冬宫，我们只停留三四个钟头，那就差得更远了，看到的只是很小的一部分展品。我想，冬宫这里，可能也是需要补课的。

当我们离开冬宫的时候天色完全黑了

普希金小镇

我们住在圣彼得堡,在普希金小镇上的活动时间只有三个多钟头,那天的天空中还飘着小雪。

我毅然放弃了参观叶卡捷琳娜皇宫,换来了几个钟头宝贵的自由活动时间。我的想法是皇宫里的东西今后还有机会可以看到,但我却绝不可能在冬天再次来到俄罗斯了。因为当时的我太想通过无人机看一看普希金曾生活过的这片土地了,看看俄罗斯冰雪中的大地和原野。

冰雪中沙皇的村落

通向普希金小镇的环岛

　　记得那天我独自走在冰雪中，感受着踩踏厚厚积雪的沉实，感受雪花飞来又迅即在脸上融化那种清凉。尤其当无人机升起时，我更感到这个决定的正确。我从空中看到普希金小镇，看到白雪覆盖的道路、看到了房屋越来越密集的城市和城市边缘的树林，以及古老的建筑，内心生出了一种无法抑制的冲动：

　　夏天或者秋天的时候，我一定争取再来一次普希金小镇，就在这里好

微信扫码
看视频，听音频
感受天地大美

路边的一间酒店

好地住一段时间，我甚至还选择了一间靠近超市的酒店，询问了价格，好放松地在圣彼得堡周围走走、看看。

这次跟团游，权当我的探路之旅吧！

拍摄这张照片挺不容易的，因为当时天空还飘着雪，周围几乎没有行人。咋办？但已经来到铜像前，总得和普希金合个影啊！于是寒风和雪花中的我，就在那片小树林等待了许久，终于看到一位途经的俄罗斯女士，我急忙用一句并不标准的俄语问候截停了她的脚步，然后就用相机和肢体语言比画着，表达自己的请求。她肯定是理解了，急忙脱下手套，接过相机，为我从不同角度拍摄了好几张照片。

用无人机航拍

与普希金铜像的合影

本书在国外旅行部分的图文，到俄罗斯就结束了。我仅仅选择整理了从2016到2019年在国外行走的一部分行程。不过，整理后我发现，这些行程恰好又都多多少少地发生了我们与身边的亲人、远方的朋友，与熟悉的或者陌生的中国人、外国人之间的一些特别的关联。并且发现，只要有了人的出现，旅行就会让你感受到一点儿与一般出国游不一样的细节和过程。

在美国接待我们的，是和我相识于青年时代无话不谈的青春挚友，他也是最早应我们发出赴美旅行的邀请。现在想来，如果没有他和他们全家人一次次通过书信和电话传递给我们的邀请和后来在洛杉矶时对我们的盛情款待，可能在我的生命中根本不可能启动那场持续了三个多月的欧美之行。

在瑞士接待我们的是苏黎世歌剧院的女中音歌唱家YP女士，她是我妻子多年的好朋友。十分意外的是当时的她正经历着一些生活上的变故，但她却仍尽力地接待我们，让我们把她在苏黎世的家当成了欧洲三次跟团游的中转站，从苏黎世去到了欧洲许多地方。这一切，今天想来仍十分感动。

北爱尔兰的行程在我们自己的旅游计划中是并没有列入的，一次偶然的缘分，让我们与居住在北爱尔兰奥马小镇上的出生于广州的YF女士，在跟团游的行程中相识。尔后，她一次次的诚恳邀请，让我们终于收获了十分宝贵和难得的北爱尔兰之行，还在奥马小镇上结识了更多中国和英国的朋友。

还有最后一次我们在苏黎世寻找酒店的时候，路边上碰到的那一群开朗热情争先恐后为我们指路的欧洲女孩儿；在明斯克机场一下飞机就碰上的帮我们兑换货币、指点我们搭乘的士的白俄罗斯姑娘；在苏黎世美术馆参观时，主动为我在凡·高割耳自画像前拍照的那个管理人员；甚至包括在普希金小镇上为我在普希金铜像旁拍照的那位和我年龄相仿的俄罗斯女士。还有很多，我甚至都不知道他们的姓名。但他们在特定的时间、特定的地点，为我们提供的那些简单但却非常及时、真诚、友爱的帮助，却保证了行程的顺利，让我们在旅行的过程中除了收获美好的风景外，还能常常能感受到人与人之间那有太多生命温度的感动。

几年间在国外旅行的过程不可能都很顺利，会充满了各种对我们两个退休老人的挑战，但我们经历过的那一个个被爱和关注的瞬间，也让我更加相信：地球就是一个整体，任何肤色和人种，种族和国家，都不可能改变人与人之间那最朴素的发自心灵的友善之情。

疫情三年后的今天，只要一回忆起当年的那些旅行经历，我的心中仍会充满了感激和感动。那是对人的感动，对世界的感动。因为，正是那些数不清的人与人之间的各种关爱，才真正成就了我们所有的行程。

小贴士

中老年人快乐旅游的生存法则

一个理智的旅行者会始终相信：在旅行中你所有的际遇，都是最美好的、最及时的、最有意义的。

微笑，是你走向世界最实用的通行证！
交流，真诚的微笑+肢体语言+出国翻译官APP！
旅行，终极目标并不是收获美景，而是要收获心灵的愉悦和感动！
快乐，才是你生命的出发点和终点！
结论，你美好，世界更美好；你快乐，世界更快乐！

彼得大帝夏宮的大宮殿

中国
穿越·春夏秋冬

China

春·西藏高原的感动

西藏，是一片让你感动的土地。

如果一个人，没有在大自然面前体验过心灵的感动，那么，他就缺失了一种宝贵的生命体验。

我总觉得：人是来自大自然的，人与自然之间肯定有着某种无法割舍的天然联系。如果我们在浮嚣的社会里沉迷太久，逐渐淡忘了自然，甚至在大自然的面前都变得无动于衷了，那对于生命来说，实在是一件非常可悲的事！

飞向林芝

飞机掠过雪山

2012年的春天，我们一群人是要到林芝看桃花的。组织者一句"去林芝看桃花呀"，就把我们这一群人给忽悠过去了。

飞向林芝

其实，更早在20世纪80年代，我曾因公到过拉萨。那时的拉萨城里到处都是低矮的房屋和扬尘的土路。印象中我们住处西藏军区的附近还没有什么像样的街道，只是拉萨河边扯满了彩色的经幡，让初上高原的我，好好感受了一把这片土地强烈的宗教氛围。

进藏期间，我们只是在西藏好朋友的陪护下参观了一次布达拉宫；访问了一个藏族同胞的家庭，再就是去了哲蚌寺、大昭寺和拉萨的八廓街，那是拉萨最繁华的一条商业街。记得在街上行走的时候，常常会感到藏族同胞投来的目光。当时，我们的活动范围仅限于拉萨，所以我常会到离住处不远的拉萨河边散步，只见河里挤满了鱼，那鱼全都无忧无虑地在水中游着，也毫不惧怕河边走过的我们。

那是改革开放最初的年代，我们在拉萨停留期间，也能感受到一种变化之风，正悄悄地吹向这片高原的土地。拉萨街头已经有了广东小老板开的美容美发店，民族路上也已经突兀地耸立起了内地新援建的四星级宾馆。有一天，朋友带我们去当时拉萨最著名的拉萨饭店——是1985

年才开业的,但交由美国假日集团去管理。记得那是一个晚间,舞厅里突然传来了我作词的那首流行歌曲《站台》的旋律:我的心,在等待,永远在等待!那应该就是1987年,真没有想到一首在内地也才刚刚流行了几个月的歌,竟这么快就爬上了西藏高原。

是的,这世界永远在变化着。那歌声可能也传达着这片土地内心的骚动和深层的期待吧。

虽然,在拉萨期间我们一直在争取、在努力,想能到西藏的下边走走、看看,但那愿望直到离开也没能实现。或许,正因为此,正式办理了退休手续后,我的第一个旅游目的地就当然地选定了西藏。

非常凑巧,这次的摄影活动是由广州媒体圈和摄影圈的一帮朋友发

一道道的小型冰川

起的。因此不像一般的旅游会碰到一群陌生人，大家相互比较熟悉，不少人还是相识多年的老朋友，所以一路同行，十分尽兴。

为了一步步逐渐适应西藏高原的海拔变化，我们把整个行程分成了几段：先从成都飞林芝，再从林芝到日喀则，然后去亚东，从亚东再到西部的普兰和札达，最后赶往定日去珠峰大本营。回程呢，就从珠峰下来经羊八井地热温泉去了冰封的纳木措。

这次进藏的时间，恰逢初春，一路上的天气还蛮冷的，进藏的飞机从双流机场起飞后不久，我就从舷窗看到了机翼下那绵延的雪峰。

第一个让人感动的场景出现了：一下飞机，每个人的脖子上都挂上了一条洁白的哈达，让我们感受到了雪域高原那不一样的礼仪和热情。

林芝的桃花

走进西藏的春天

在西藏,我被这片土地上野性的春天感动,被它盛开的桃花感动,被它融化的湖冰感动,被它纯洁的雪峰感动;被飘扬的经幡感动,被五彩的玛尼石感动,被虔诚的转山、转水、转佛塔感动,甚至被路边藏胞精心装饰的

浮着薄冰的然乌湖

路边的春天

眺望雪峰

春·归

院门感动。

　　相比较成熟景点的风景，我似乎更喜欢路上的风景和路边的景色。

　　或许，是因为那风景总是一闪即逝，但却会给你留下难忘的印象；或者，是因为那种景色从不重复。它们就那么静静地被时间、被光影、被风雨悄悄地装饰着，成就了它们的岁月，并显现

路边的雪峰

初春的田野

然乌湖中雪山的倒影

176 / 世界那么大 多想遇见你

树的顽强

树的灿烂

然乌湖畔

羊群穿过马路

西藏亚东曲美的抗英纪念碑

过米拉山口

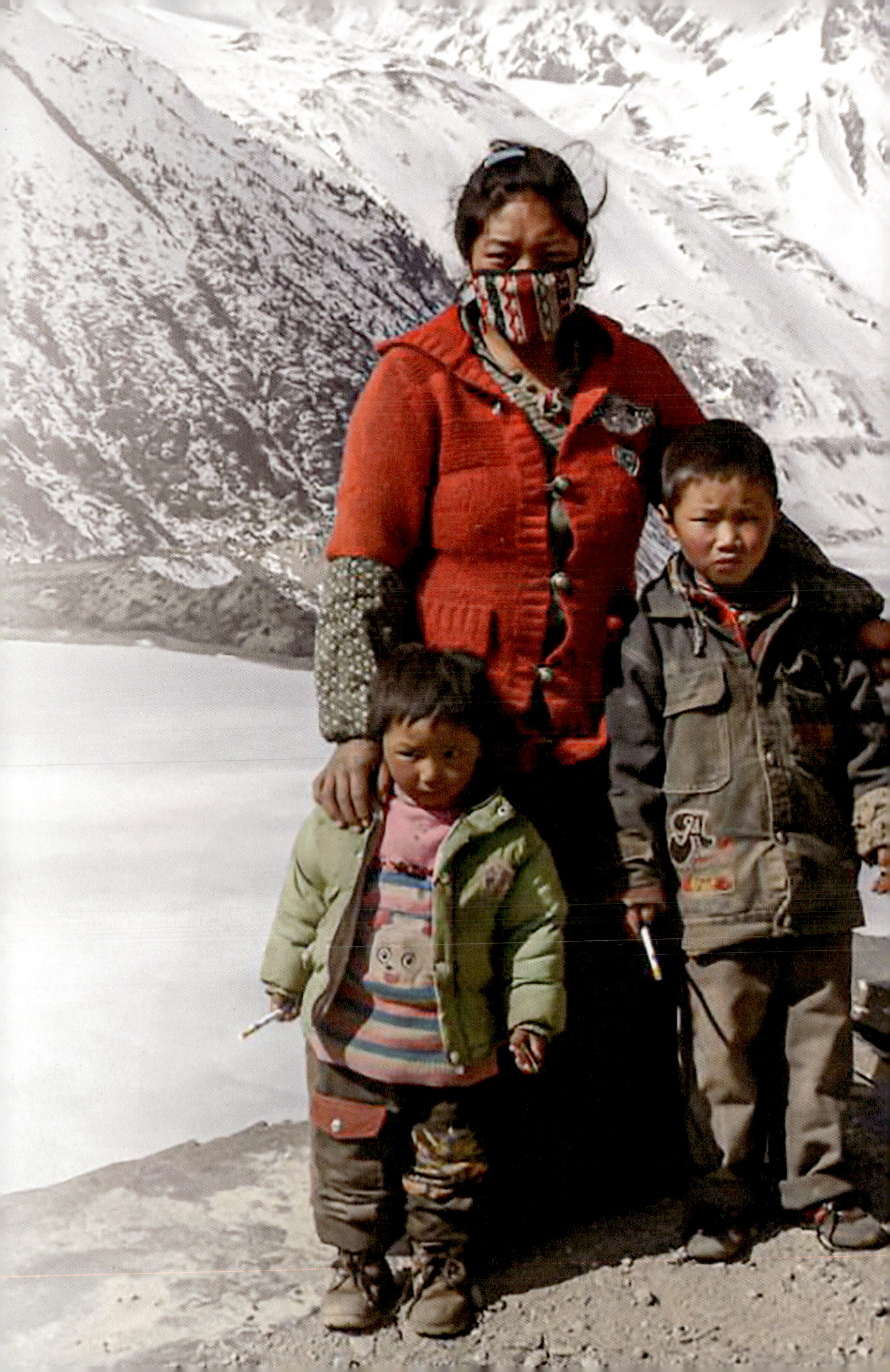

出与众不同的美丽，从不会像那些热闹的景点那般喧嚣张扬、弄姿显摆。

在米堆冰川我们遇见了一位藏族母亲和她的孩子。这里的自然环境十分艰苦。孩子的穿戴根本无法和林芝的孩子相比。但我带来的小礼物也就是几支笔和几块糖，要知道真应该带点孩子的衣裳。

过米拉山口的时候，所有经过的车都会在5013米的垭口上停下来。

我们去的那天，山垭口还飘着小雪，但人们都毫不犹疑地冲下汽车忙着在雪地上奔来走去，拍照、录像。我想：那是因为米拉山口超过5000米的海拔高度；因为垭口上飘满了彩色的经幡；还因为人们心中升起的对自然的崇敬与热爱之情。

普兰县附近的喜马拉雅山系　　　　　　　　　　　夕阳照耀的山

拥抱西部的苍凉

离开普兰不久,那片山峰在阳光里的颜色让我们忍不住停下了车。不过这时原本挺长的一个越野车队,因高原反应和其他原因,已经走掉

札达县城外的象泉河　　　　　　　　　　　　　古格王朝遗址

札达土林

了不少团友，此时只剩下四台车越野车了。

在札达，为了获得最好的拍摄光线，我们曾两次穿过札达土林，去到古格王朝遗址，拍它的黄昏，拍它的清晨。那天，车队正在行进中，突然，从车前惊飞起一群鸽子。我坐在副驾位置上，急忙举起相机。隔着车窗就按下了快门。

夕阳里的山

吉吾寺的白塔

1 鸽子冲向了蓝天
2 从古格王朝远望土林
3 离开普兰时被公路边的景色感动
  忍不住停车拍照
4 拍摄札达王朝的夏宫　摄影：吴志鸿
5 神湖（玛旁雍措）边的吉吾寺

摄影：吴志鸿

- 旅途影像
- 人文音频
- 旅行指南
- 所思所悟

微信扫码
与你相遇在每分每秒

在吉吾寺

我见到

一位背着孩子的母亲

围着寺院不停地

转经

她一次次

从我的身边

走过

又一遍遍地

转动寺院简陋的转经筒

那

转经筒发出

背着孩子的年轻母亲正跟着喇嘛在吉吾寺转经

一声声吱吱的响声里
我读懂了
一种不会因为供奉的
多少
而贬值的心灵的虔诚

蓝天
和白云
就是吉吾寺的天顶
朴素的白塔
正把心的声音
传递给神灵

仰望珠峰

珠峰在所有地球人的心中都会是一个梦、一种憧憬、一个诱人的高度，因为它是地球的第三极。我们一到大本营，第一个想法就是快去看看珠峰吧！

但此时的珠峰正被一层不很厚的云雾遮挡着呢，若隐若现，看不清楚。不知是谁喊了一声：珠峰，我们来了！大家不约而同地跟着一齐喊了起来：珠峰，我们来啦！珠峰，我们来啦——

你别说，真有点神奇。呼喊过后，再次抬眼望去，只见云雾渐渐消散，珠穆朗玛峰真就清晰地出现在了我们面前。当大家匆匆完成了与珠峰的合影，最高处的山峰便又躲进了云层的后面。

世界海拔最高的边防检查站（珠峰大本营检查站）

西藏高原上的湿地

　　这时，我们这才留意到，绒布寺对面的珠峰大本营，可能是樟木来的夏尔巴人，正在向这里运送各种生活物资，准备迎接新一年登山季的到来。是的，西藏的春天就要来了，珠峰又要迎接人类的新一轮造访。

　　原本以为夏尔巴人是藏族的一个分支，其实不然。这些生活在西藏最寒冷地带，每年都要为登山者修建七八千米登山绳索，帮助一批批登山者攀登珠峰的夏尔巴人，竟是800年前西夏皇族党项人的后裔。他们的祖先曾生活在我国西北最富饶的黄河河套地区，只因为西夏灭亡，才开始了一次为了生存的迁徙。

　　西藏让我感受到了环境改变人的力量和人类生命本身的适应能力，几乎都是我们无法想象的。一个曾经遭遇过灭顶灾难的族群，为了生存，就从海拔仅一千米的富饶之乡，走向了海拔五千米的寒冷之地，并一次次地登上了八千八百多米的珠穆朗玛。

　　想着都让人感动，让人尊敬！

　　这一切是不是在说：我们必须能够改变，能够不断地适应变化了的世界，我们才会变得更包容、更坚忍、更优秀？

高原的表情

没有人的世界是凝固的、清冷的、空寂的。就仿若天空没有了飘动的云彩,河流没有了翻动的浪花,树林没有欢乐的鸟鸣,村庄没有了袅袅的炊烟。

美丽的风光,可以说是地球上大地原本的表情;只有鲜活而真实的生命的活动,才能展现出那片土地灵魂的表情。

在西藏匆匆的行程里,我们一路上还是碰到了各色各样的人物。有路边朝圣的行人,有村口等车的老人,有上学的孩子,有田野里的藏民,有围着布达拉宫转经的人群,有寺院里的僧侣,有小饭店热情的老板娘,也有路边流浪的孩子。但由于行程的紧密,我们与这些人的相遇大都是远距离的,最多说上几句话,或者拍一张合影。最后到了西藏的西部,除了进到宾馆和客栈里,你几乎碰不到什么人。

不过，无论距离是近、是远，无论当时我的心情是悲、是喜，我都愿意把那个西藏的春天里，有幸让我碰到并抓拍到的西藏人物，制作成小视频展现在这里，并一直珍藏。

这一批西藏人物照片，抓拍过程十分偶然，仓促，但每一幅都曾让我深深地感动过、思索过。

雪山下的这对母女，和我们曾有过十来分钟短暂的接触，当时，已经接近西藏行程的尾声，手边能送给小姑娘的小礼物只剩下几支笔、几块糖果和几个可以写字的小本子。

如今，快十年的时间都已经过去了，那小姑娘应该已经长成一个大姑娘了吧？每一次看到这张照片，我的心都会默默祝愿：愿她们的生活越来越好！

观看旅途影像

我们那群一直走到西藏札达的朋友（摄于札达土林）　摄影：吴志鸿

旅行的计划太重要

我们生活在资讯发达的今天，获取资讯的手段又如此之丰富。我认为：再有经验的旅行者，出发前都应该做好一个明晰的旅行计划。我的感觉是：有计划，但也接受变通，才可以做到心中有底，一路不急。

其实，退休后的晚年生活，对于你来说，时间有了最充分的自由度，决策权也完全属于你。我们根本没有必要去跟风凑什么热闹。每一次出行前，给自己设计一个相对明确的旅行计划（道路可远可近，目标可大可小），这样你才有可能在相对较短的旅行时间内，获得最充实、最丰富的旅行体验。

夏·新疆峡谷的震撼

我曾两次去过新疆,第一次是2006年参加新疆的全国书展,走了一下乌鲁木齐附近的天池和南山风景区,临离开时,跑了一趟吐鲁番和北疆的喀纳斯;第二次去,已经是退休自由身了,因此认真计划行程,去了南疆的库车、喀什、中巴公路,还有天山北坡独库公路起点处的安集海大峡谷,最后忍不住再走了一次北疆的喀纳斯。

不过,直到我从乌鲁木齐返回内地时,心里还遗憾着因下雪封路没有走成的独库公路,已经过了花季的巴音布鲁克草原,想着一定要再次回到这片土地上,因为,第二次比第一次更加感受到新疆这片土地太广袤了,太美丽了,太神奇了。

应该说,这片土地无论从地理上还是人文上都是非常独特的,绝对是一片流溢着浓郁民族风情、展现出多彩自然风光的一幅美丽长卷,站在它的面前你一定会欲罢不能、流连忘返。

乌鲁木齐火车站　　　　　　　　　亮起了冷光源真像是进入了太空

2018年的这次新疆之行，我好像与这片土地上的峡谷、河谷结下了不解之缘，竟接连走过了三条河谷：克孜尔千佛洞的木扎特河河谷、独库公路南端库车河河边的克孜利亚大峡谷，和塔城天山北坡安集海河冲刷出来的安集海大峡谷。

十二年后的新疆变化太大了！无论是机场还是车站都让我眼前一亮，我当时心中真有点儿激动不已。

我到达乌鲁木齐机场后，试住了一下它的太空舱酒店。那实在是一个非常紧凑的休息空间，仅够你放下行李和躺下睡觉。

乌鲁木齐新火车站也让我大吃一惊，火车站之大、之新、之靓，都完全超出了我的想象。

清晨站外的建筑

克孜尔石窟

库车克孜尔石窟的大门

这是中国四大石窟之外，位于天山深处的一处宗教圣地。

数百个石窟就开凿在克孜尔东南明屋塔格山的悬崖之上。石窟的南面就是木扎特河的河谷。

克孜尔石窟开凿于公元3世纪，到公元八九世纪才逐渐停建，延续的时间长达六七百年，这在世界各国也是少有的。

虽然2014年克孜尔石窟已经列入世界文化遗产，但这里游人稀少。我们去参观时也没有见到任何其他旅游团队，只有我们这七八个人来光顾了这座藏在天山深处的洞窟。

虽然知道克孜尔石窟的人不多，但它却是中国这片土地上开凿最早、地理位置最西的一座石窟，同时也是被破坏最惨重的一座石窟。它没有被列进中国的著名石窟，但在宗教界的地位却是不可撼动的。因为，它诞生一个多世纪后才有了天水的麦积山，两个多世纪后才有了河南洛阳的龙门石窟。

克孜尔石窟有4个石窟区，正式编号的石窟有236个，但遗憾的是大部分宗教塑像均已被破坏，仅有81个洞窟中还保存有精美的壁画，属于古龟兹国的文化遗存。

不过，因为历史上的宗教冲突、自然损毁

石窟内精美的壁画局部

韩乐然在克孜尔石窟的写生作品

（风化和雨水冲刷），还有当地居民的人为破坏（揭金箔），现在已经看不到一尊完整的佛像雕塑了，壁画也损毁严重。

20世纪40年代，中国正处于战乱之中，是一位年轻的画家发现了这片宝贵的石窟。他在新疆写生时，意外邂逅了这片石窟中的精美壁画，当时，他激动万分。我们今天还能在窟内看到他留下的那块记录石窟发现过程和提醒人们保护的石碑，正是这个来自中国东北的朝鲜族画家尽全力开始了对石窟最初的保护。

我们不应该忘记他的名字：韩乐然。

这是画家韩乐然还为我们留下了当年在克孜尔石窟区创作的风景画，整个窟区其实绵延达三公里，现在仅开发出很小的一部分。

克孜尔千佛洞景区最突出的一尊雕像，是龟兹人鸠摩罗什的全身铜像。我很喜欢这座雕塑简洁的风格，仿佛能从他俯视的目光中，读出他心中的慈悲和关爱。

如果我不到千佛洞来，可能一生都不知道这位出身于龟兹的宗教先

克孜尔石窟区的葡萄快要熟了

贤,他是世界著名的佛学家、思想家、哲学家和翻译家,还是中国佛教八宗之祖。他对中国佛教最重要的贡献在于翻译了大量宗教著作,为佛教在中国的传播做出了无可比拟的贡献。

古人讲读万卷书,行万里路。其实旅行中的人在行程中读到的更会是一部纸质图书无法替代的,更丰富、更厚重的书。

站在鸠摩罗什全身铜像的面前我突然想到:生命中,人与人的相识,其实并非都是现实生活中的相识;它也可能是人与人心灵的相识。精神层面的交流,那相识可以超越时间和空间,达至一种特殊的境界。其实人们或因读书,或因感触历史的遗迹,往往会有这种感叹。

值得庆幸,虽然晚了点儿,但我毕竟还在自己晚年旅游的行程中,能在西部边陲克孜尔的石窟区,相识了两位让我心生敬仰之情的人,一位是画家,一位是佛教的先贤。虽然,他们一个生活在中国历史中佛教正逐渐走向繁荣的时代,一个生活在中国最贫弱、最艰辛的战乱年月。

克孜尔如果没有了他们,无论是昨天还是今天,都会失色许多。

鸠摩罗什全身铜像和已经开放的石窟区

罗布泊的村落

在内地人的心中，罗布泊是一个非常神秘的地方。丝路咽喉、楼兰古城、小河墓地都位于这片越来越干涸的土地上；大片的胡杨林，至今仍顽强地生长着。或许是因为这个被人们称为中国第二大咸水湖的湖泊面积曾经非常广大（总面积达到数千平方千米），又因湖区的地理形态，罗布泊还被人们称为地球之耳，但人们更熟悉的名字是死亡之海。罗布泊还与一位广州番禺人连在了一起，他，就是1980年到罗布泊考察的彭加木，他正是在罗布泊无人区的深处失踪的。

位于塔里木河边的一个古村落景点，现在已经没有固定的居民居住了，只有少量的老人，为了旅游的需要，每天像上班一样在这里向旅游者展示这片古老土地上的人们生活的技艺。

中国 穿越·春夏秋冬 / 197

1 离开了水的独木舟
2 随季节变化的罗布泊水泽和远处的塔里木河
3 罗布泊景区
4 精神的寄托
5 为我们表演古老民族工艺的老人
6 胡杨的树干
7 已经石化了的胡杨树干
8 胡杨的种子就要飞走了

库车克孜利亚大峡谷

库车的克孜利亚大峡谷是位于南疆的一条非常迷人的峡谷。

我有幸在峡谷的入口和接近峡谷的尽头数次放飞了无人机。即使你已经去过克孜利亚大峡谷,我相信,你也会被无人机不一样的视角所震撼。

感谢无人机,感谢它为我带回了不一样的峡谷之美、视觉感受和心灵的震撼。

中国 穿越·春夏秋冬 / 199

1 无人机升空后看到的大峡谷顶部
2 终于走进了大峡谷
3 前方就是库车的克孜利亚大峡谷
4 无人机俯瞰大峡谷
5 峡谷的入口
6 峡谷的另一个出口
7 大峡谷旁边的库车河

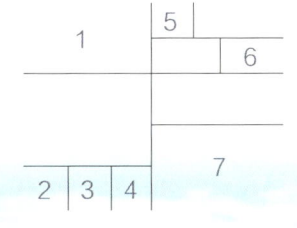

喀什的中巴公路

在新疆坐火车旅游是个好主意。

不过南疆的行程，按计划应该早晨到达喀什火车站，没想到最后竟拖到了下午的四点多钟（当然有原因，暴雨造成泥石流阻断了铁路），只好浪费了大半天时间。

如果按旅行社接车导游的想法：当天慕士塔格峰的行程干脆取消好了，明天她带着大家在喀什城里转转就完事儿了。这哪儿成呢？那时，喀什的太阳还悬在我们的头顶上呢，日落的时间要到晚上10点钟左右！还有五六个钟头干啥呀？于是，我们强烈要求对调两天的行程，当天剩下的时间在喀什市内参观，第二天游帕米尔高原和慕士塔格峰。

直到晚上12点，旅游公司

中巴公路风化十分严重的山体

雪山随时都会出现在路的前方

也有云天雾地的时候

终于来电话了，这才算保住了来喀什最重要的去帕米尔高原的行程。由此，我们也才得以走了一趟被称为世界最险峻的十条公路之一的中巴友谊公路。为了修筑这条1032公里，穿越了喀喇昆仑山脉、兴都库什山脉、帕米尔、喜马拉雅山脉的中巴公路，差不多每一公里都牺牲了一条筑路人的生命。

在这条路上，我又一次验证了：越是艰险的路，越能看到最美丽的风景。

非常庆幸的是，第二天我们遇到了一个特别好的维吾尔族师傅。我们这个小包团一共才七个人，他还兼做了我们的导游。

出发时间比较早，喀什的天空中好像随时都会有雨从天上落下来似的。车上的人小声嘀咕着，都担心目的地的天气怎么样。没想他随即就打电话问他朋友，打完电话后马上告诉大家慕士塔格峰还是晴天。我们的心情顿时就变得阳光灿烂起来。一路上他还像朋友一样，让我们在本来没有规定的景点白沙山做短暂停留和下车拍照；返程更是专门在尚未正式开放的喀什冰川公园门前停下车，让我还能飞起无人机，留下几张不错的航拍照片。

观看旅途影像

开始了中巴公路的行程　　　　其克里克二桥

路过仙境一样的白沙山

航拍白沙山下那一片碧绿的湖水

我喜欢路上的风景。

你想一下：正式的景点，只要你肯花钱，谁都能去，而且在照片上也许你早就见过无数次了，但路上的风景就不一样了，像中巴公路这样的风景，你只可能途经，有些地方甚至还处在自然风化与变迁的过程之中，再加上行程中你说不定都没有留意。不看，也许永远都不会再有机会让你看到了。所以，我在行车的时候真的是很少睡觉。

前方就是慕士塔格峰

慕士塔格峰旁边的山

其实，我们大老远地从内地跑到新疆来，又从乌鲁木齐跑到喀什，再从喀什走中巴公路，也就为了看看慕士塔格峰，看看山峰下的喀拉库里湖。

这也是本次行程我在南疆能够到达的最远的地方了。

可以看得出来，从内地真正能够来到这里，能够在这里停留的人并不很多。我们游玩的时候也就只看到有两三辆货运的车在附近停下来。估计，过节和放假的时候湖边会多一些人，因为湖边上还有一排十来间做餐饮和商铺的小房子。那天中午，司机师傅带我在那儿吃了一碗羊肉泡馍。馍是免费随便吃的，而那羊肉汤真是太棒了，一点儿也不膻，味道正宗，真香，真好吃。

卡拉库里湖边的公路　　　　　周边的湖泊映着正午的太阳

很多时候，人如果不停下来，不找到合适的角度，是很难发现一个地方真正的美丽之处的。我在升起无人机之后，才发现了喀拉库里湖水之美，湖形的多样、景色的迷人。如果仅仅在地面从她身边走过，顶多也就觉得她的湖水更蓝一些，怎么也想不到从天空中看，她还有那么动人的身姿。

其实一个人在生活中，因性格、经历和经验，也很少切换过自己面对生活的角度，那么，会不会有意无意间也丢失了太多生活本来的美呢？

其实，风光再好，景色再美，旅途中影响人心情的最根本因素还是来自你身边的人。真心谢谢这位维吾尔族司机师傅，虽仅有一天，他却

卡拉库里湖中的太阳　　　　　　　　山与湖

冰川公园的河

用纯朴和热心，一路上带给我们太多的好心情。推而广之，人活在世上也就那么几十年，人生的旅途中不也一样吗？能遇见纯真、朴实的好人，能相交保持一生友谊的朋友，其实真是人生最快乐的事情了！

　　世事无常，过去不可重复，未来不可预知，我们只能活在当下，活在不断变化着的现实之中。你能决定自己，却无法决定他人，无法左右周围的世界。想明白了，就坚守住自己那份内心，追求自己热爱的人生好了。

　　静则宁，宁则智、智则远。世上所有一切，都比不了那份静静地、悄然从你心底里生长出来的、谁也夺不去的好心情。

　　走完这条中巴公路，感到它不愧为世界十大最险峻的公路之一。沿途景色奇险、奇美，让人不时发出惊叹。不过，

喀什冰川公园

这一趟我们才仅仅走了公路总长度的六分之一，在巴基斯坦境内，公路还有超过三分之二的里程呢。

将来，如果有一天，还能走一下巴基斯坦境内的这条公路，那该多好啊！

返程时，因为维吾尔族师傅专门停车让我们看看还未正式开业的喀什冰川公园，我用无人机，拍到了公园这样的山色。

我和维吾尔族师傅的合影　摄影：吕伴

小贴士

坏事，说不定还是好事

我们从库车到喀什是坐的火车，正点应该早晨到达，但火车晚点了八九个钟头。这本是件坏事，可也因为晚点，意外地让我们在白天的时段里看到了如雅丹地貌般的一片流动的、宏大的风景。真让人感叹新疆太大，风景太多，只因人口稀少、还无力开发。否则，这样美的景色放到内地无论啥地方，都会是一片超AAAAA的景区了。

你能说火车晚点是一件完全的坏事吗？从旅行者的角度看，那误点，绝对是一次天赐的机缘，让我们白赚了一处神奇、美丽、流动的风景。

车窗外路边的风景

选几张在火车上拍的照片，让你也看看我们从库车到喀什，在车窗外到底看到了什么样的风景吧。那一连串的山体起码绵延了数十公里，反正让突然惊艳的我，对着窗外不停地按动快门。

在这样的风景面前，我终于理解了人们为什么总是说：最美的风景永远在路上。

其实，对于一个时刻都在变化着的世界来说，昨天的景点正在消逝，最美丽的风景只会永远存在于你前行的路上。

车窗外的风景

喀什就要到了

安集海大峡谷

  虽然我在到达安集海之前，已经数次从网上看过大峡谷的各种照片，对它的主要景观也已经了然于胸了。可当我真正站在它的面前，尤其是升起了无人机的时候，还是完完全全彻底地被大峡谷征服了，被峡谷内的景象震撼了！我甚至觉得就连"震撼"这两个字，都不足以表达我内心的激动。

  我庆幸自己在行程中给安集海预留了两天的时间。

  第一天，由于司机的大意，我们从沙湾紧赶慢赶到达大峡谷的时候，已经有点晚了（后来我才知道这个开了七八年车的老乡，还从没有到过安集海大峡谷），太阳都快要挨着地平线了。幸好，那天的天气非常晴朗，我还可以借着太阳下山后的天光拍到一批照片，但心里还是留下了太多的遗憾。

第二天，不能再留遗憾！上午早早起来，专等司机再次拉我奔向安集海。你别说，我的运气总是很好，一是天气非常棒，蓝蓝的天上还多了几片云彩，二是我不仅拍到大峡谷，还探访了安集海上游的巴音沟。大峡谷所在的地方是安集海河，而巴音沟是安集海河的上游，它的河水也给我留下非常美的印象。更给我带来惊喜的是：在巴音沟前面的鹿角湾（哈萨克牧民的一处牧场），我还意外地找到了安集海的源头——冰沟，它是天山的融雪流向安集海河的一条潺潺小溪。

安集海最宝贵的一点是，它直到现在还没有被圈定为风景区（实乃万幸），这就在很大程度上保证了它原生态的延续与非常真实的荒凉。我觉得它有点像美国的马蹄湾，就那么野野地被人们丢在了路边，丢在了去独山子的路上。

中国 穿越·春夏秋冬　　211

1	2
3	4
5	6

1 山·河·路
2 峡谷的血脉
3 源远流长
4 五彩的山
5 河谷里的桥
6 江山如画

后来我也想：或许，世上的好些事儿，好些风景，就那么野野地丢在那儿更好，比你操心地维护它更有价值，它也会更加自然，更加真实，更加有味道，并让人从中读出更多的惊喜与更深的内涵。

微信扫码
看视频，听音频
感受天地大美

1 哈萨克牧民的毡房
2 无人机看到的山上的塔松
3 小憩
4 安集海河上游的雪山
5 冰沟的哈萨克草场

北疆的喀纳斯

第一次到喀纳斯旅游，还是2006年参加全国书市的时候。如今14年过去了，而且人已经在新疆了，自然也不愿轻易地放弃喀纳斯，于是就又去了一趟北疆，重游了喀纳斯湖，还多游了哈巴村和禾木村。

	2	3
1		4
	5	6

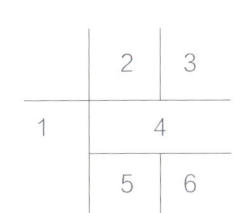

1 月亮湾
2 喀纳斯湖
3 神仙湾
4 我放飞无人机的地方
5 河和路
6 喀纳斯的田野

白哈巴的早晨

禾木村踏雾的傍晚

微信扫码
看视频，听音频
感受天地大美

秋 · 追逐西部的秋天

为了饱览秋色，2016年10月中旬，我从内蒙古的额济纳开始了这趟在祖国大地上追逐秋天的旅行。

一路从北向南，从额济纳金色的胡杨林，到张掖的丹霞地貌，再到青海湖到云南腾冲的地热温泉，最后到达海南岛的陵水。从内陆的沙漠一直走向了碧蓝的大海。

在人生的秋天去感受一下大地的秋色，实在是一个不错的主意。因为是自由行，景点条件艰苦，所以一路上除了额济纳是跟团游之外，基本上就是我独自一人静静地在大地上行走，静静地品味着大自然带给我的生命感受和心灵的感动。

内蒙古、宁夏、甘肃、青海、云南、贵州、海南。交通工具有飞机、有火车、有汽车、有出租车，还有路遇旅友的私家车。竟一次跨越了从西北到西南，再到海南的五省两个自治区，成就了我有生以来在这片土地上最漫长的旅行。

额济纳的秋天

退休真好！我们现在最自由的就是对时间的掌控了，这是咱退休人的一项专利，别人不是都挤在黄金周去旅游嘛，我们完全可以等十一黄金周结束以后再来呀。我那年就是等到了10月13日，才出发到额济纳景区的，那时的景区非常清静，更好的是胡杨的叶子大部分都已经黄了，那一团团、一丛丛、一片片金色的胡杨，强烈地闪耀着你的眼球，让你

由衷地为大自然的神奇发出一声声感叹。

想着不久前在黄金周拥进来的旅游者，根本看不到这么漂亮的胡杨林，心中不禁暗自偷笑。

胡杨，是沙漠里最顽强的生命了。人们说胡杨有三个一千年：第一个千年，活得灿烂；第二个千年，死而不倒；第三个千年，倒而不朽。就冲着这三个千年，我们这些顶多活个一百来岁的生命，都该好好来拜拜这些挺立在最荒凉沙漠中的神树。

如果人生的第一个阶段是从出生到大学毕业，那么工作的时段就是生命的第二阶段，退休后的晚年生活恰是第三阶段。我们正面临着人生之秋，是否也应该从胡杨那种顽强的生命品质里接受一些启发呢？

1、2 生长胡杨林的那一片沙漠
3 金色的胡杨林
4 无人机在飞翔
5 倒伏的胡杨树干
6 阿拉善的蒙古语意思是"五彩斑斓的地方"
7 红柳林
8 欢乐的旅游者

中国 穿越·春夏秋冬 219

在额济纳胡杨林玩了两天后,我们还去了附近的黑城、怪树林和居延海。

这几处虽只是短暂停留,但也能让我们从不同的角度对历史中的额济纳,对沙漠中无情的生命轮回,有了一个更直观、更全面的了解。

站在黑水城的遗址,你无法想象沙漠中的黑水城(又称黑城)曾经是历史上西夏王国的都城,你更无法想象,浩渺的呼延海,在新中国成立之后还曾经出现过八次干涸。

在这里停留的几天,最突出的感受是:水太重要了!对所有的生命都是一样的。无论是在额济纳的胡杨林,还是在被风沙掩埋的黑水城,无论是枯死的胡杨怪树林,还是在水波荡漾的居延海,所有的风景都证明着一个道理:没有水,就没有生命,没有希望,没有未来。人类真应该好好珍爱、保护自己的生存环境!

中国 穿越·春夏秋冬 221

1 怪树林的夕阳
2 阳光里不倒的胡杨
3 黑水城西夏遗址
4 在大自然中人是多么渺小啊！
5 不朽的老树头

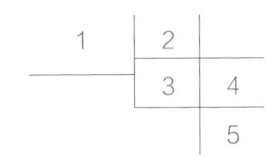

1	2	
	3	4
	5	

微信扫码
与你相遇在每分每秒

• 旅途影像 • 人文音频
• 旅行指南 • 所思所悟

阳光初照居延海

在黑水城不远的地方，有一片怪树林，其实都是已经死去的胡杨树。胡杨的根扎得非常深，所以树干几十年几百年都不会倒。

当我们走在大面积的怪树林中，赞叹着它们的树干和枝条所展示出的奇异美感时，也不应该忘记并警醒：那一切，记录的其实是一片曾经丰饶的胡杨林，在爆发了大面积生态灾难之后的景象。

在怪树林里，最令我感动的，是看到了不少这样的老树头。

它们身上那岁月刻下的曲痕，直到今天，仿佛还能向人们讲述它们在生的时候曾经历过的曲折与艰辛。

日出前的起飞

张掖的丹霞

最初，听说甘肃的张掖有丹霞地貌，还没有太当回事，心想：俺们广东的韶关仁化也有丹霞山啊，有啥好看的呢，不就是些红色的山体和岩石嘛！

但是，当我真的走进了张掖丹霞公园时，却被眼前的景象强烈地震撼了。那是由于，它的面积之广大、色彩之丰富、形态之奇特，都让我有目不暇接的感受。整个景区共设有五处观景台（一般是在山顶平出一片相对开阔的空间），可以让你很从容地观看到不同特色的丹霞地貌。

天色已晚，我这才意识到应该放飞无人机了，好看看张掖丹霞总体的地貌。张掖丹霞地貌带给我的震撼，一点儿也不亚于美国西部的羚羊峡谷。从此，我再也不会忘记这片中国西部神奇而美丽的地方了。

最值得庆幸的是，甘肃这么美的风景，不像羚羊峡谷在那么荒凉的地方要走很远的路；咱们的景区就在距离张掖仅几十公里的地方。只要到了张掖，你就肯定可以非常方便地前往。

无人机看到的景区道路和观景平台

224　世界那么大 多想遇见你

1 这种红有点沉着
2 好艳丽的纯朴
3 形态也好奇妙
4 行驶在景区内的大巴车
5 红得像燃烧的火焰
6 路边有一片好茂盛的芦苇

中国 穿越・春夏秋冬 225

1	2	3
	4	5

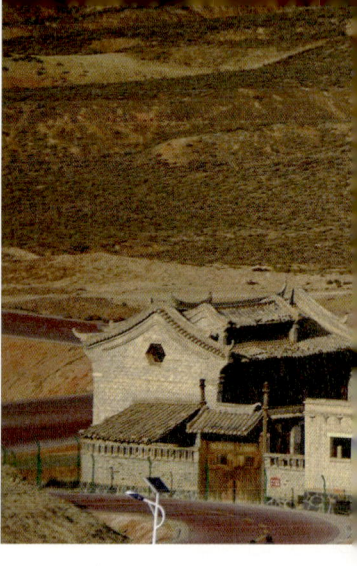

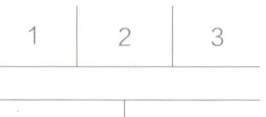

1 太阳落山后背光处的蓝调丹霞
2 导游说这是为拍摄《三枪》专门盖的房。电影拍得不好，房子建得不错
3 从更高的高度俯瞰丹霞景区
4 仿佛是在黄色的波浪间穿行
5 另外一种山形

微信扫码
与你相遇在每分每秒
● 旅途影像　● 人文音频
● 旅行指南　● 所思所悟

腾冲的印象

云南也是不止去过一次，但因为地理位置较偏，总没有能去到腾冲。

虽没去过，但与之相关的银杏村、和顺古镇、腾冲热泉，还有抗日时期中国远征军的墓园，飞越喜马拉雅山的驼峰航线，唐纳德领导的飞虎队却都是早已非常熟悉的了。

这次入云南，就是为了去腾冲，所以一到昆明直接从车站就搭车去了腾冲。本来，我是计划着要住到银杏村的农家乐，以便拍拍腾冲的银杏树。没想到待我第一时间赶到银杏村，却发现村子里竟找不到一棵变黄的银杏树。村民们告诉说：今年的天气有点儿冷，要想看到灿黄的银杏叶，起码还要再等上半个月。半个月呀，我可没有那么多时间等下去了。

那就去看看腾冲最出名的热泉吧！那也是腾冲最出名的地热景观了。不过，它不像美国的黄石公园，地热景点都在相对平缓的原野上，腾冲热泉的景点，全都点缀于离腾冲市区不远的一道狭窄的山谷里。

这次来才知道，当年的驼峰航线，美国空军曾损失了近500架运输机和1579名飞行员。而他们摔落的飞机残骸，散落在航线下面的山谷中形成了一条铝谷，后来的飞行员可以借助那些飞机残骸碎片的闪光找到自己飞行的航线。

1 远征军的墓园
2 小兵
3 银杏王的树叶才刚刚染点儿黄边
4.途中还经过了飞虎队的纪念雕塑
5 腾冲热海的温泉达90度可以煮熟鸡蛋

观看旅途影像

湖边一座让人想去住几天的宅院

终于找到了一片秋意

大地诗篇：哈尼梯田

困苦，有时会成为美丽与创造的起点。

因为，你必须去奋斗，你期望着美好，你渴望着改变。哈尼梯田，就是哈尼族同胞在过去数百年漫长的岁月里，为了生存，通过一代一代人的艰辛劳作，在大山深处营造成的美丽而独特的家园。

这是我见到过的，人类描绘在大地上的最壮丽的画卷了。它并不是谁有计划、有创意、有设想刻意为之的。在我的想象中，那最初的冲动，可能就是哈尼同胞为了在陡峭的山岩间存住一汪雨水，为了在大山深处插上一池秧苗，当然，更可能是为了在秋天迎来一次稳定的收成，这里的先民们就开始了一次伟大的创造。

于是，数百年后的今天，我们才能在这片大山里看到这件真正属于大地的艺术品——一幅嵌刻在深深大山里的画卷；一次人类为了生存并

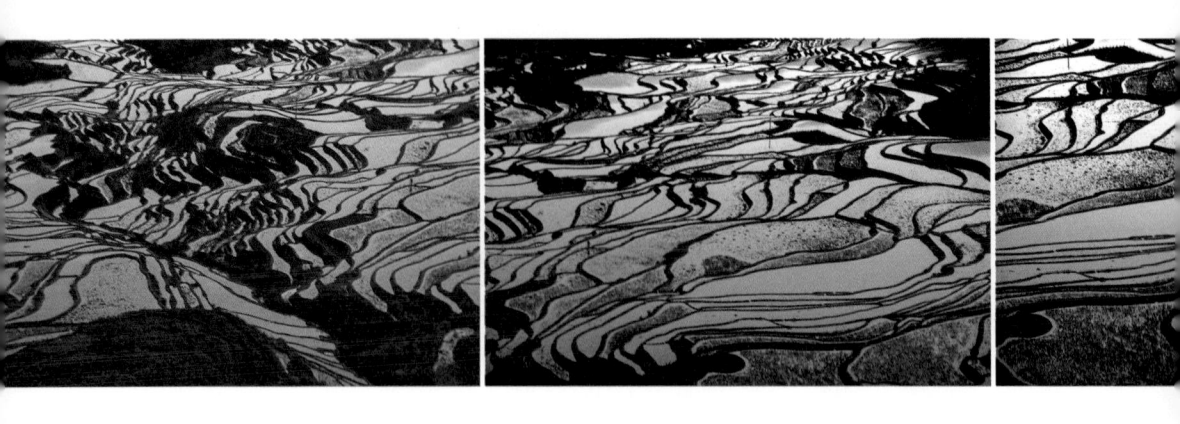

1	2	3	4	5
			6	
			7	

1 等待黎明
2 曙色初现
3 第一缕阳光
4 蓝色的旋律
5 梯田之阶
6 正午的坝达梯田
7 蓝色的梯田

用劳作完成的创造；一件与大自然完美结合并和谐交融在一起的大地上的艺术品。

坝达，是梯田数量最大的一个景区。我看完后感觉，这里应该是能出好片子的地方，但必须有天空的配合，阳光的变化。可惜我们参观的时间差不多恰好是正午，光线最没有特点的一个时间段了。

听说老虎嘴是看夕阳最好的地方。为此，我们在离开了坝达景点后就早早地赶到了老虎嘴景区。解决完午餐后，因时间尚早，包车的小司

中国 穿越·春夏秋冬 / 233

世界那么大 多想遇见你

中国 穿越·春夏秋冬

1 从土司府最后一进向前望
2 最前面，也是最低处的土司府大门
3 很少见到这样的门兽
4 从前院回望整个土司府
5 当地人说这是一匹奔马

机建议我们利用这点儿空闲时间，去一趟哀牢山深处的元阳老土司府。

　　下面的几幅照片是第二天一早拍摄的，我特意把拍摄时间保留下来。这样，你更可以感受到天空和梯田在阳光与时间的作用下，发生的

1 7点25分　拉开窗帘看到这样的远山
2 7点29分　在屋内就可以俯瞰整个山谷
3 8点32分　山山呼应
4 9点13分　暖调的梯田终于出现在了我们的面前

那些微妙变化。

在梯田景色因阳光的变化变得越来越好看时,我的景区活动却必须中止了。因为,我必须在今天赶回昆明。

只好说一声:再见了,美丽的哈尼梯田!

其实,我真想说的是:后会有期吧!愿我们再次相逢。这一次前后3天的时间太过短暂了,这里,还有太多的美(它的春、夏、秋、冬,它的早、午、晚、夜,它的云、雾、雨、雪,它的不同角度和不一样的光线），都还在等待着有心人不断去发现。

海南岛的秋天

追赶秋天的脚步，最后，竟然追到了海南岛上。

我在西南计划海南行程时，就看到西北的驴友在微信上发消息，说内蒙古额济纳旗正在飘雪。也就是说：海南还穿着短袖衫的时候，刚刚

1 从这里起飞
2 无人机在飞翔
3 和中国的西部相比海南陵水就像是一个绿色的大花园
4 花园一样的大地
5 美丽的地方总会有美丽的事情发生
6 海滩上的礁石与海
7 远处的城市

中国　穿越·春夏秋冬　／　239

落尽了黄叶的北国，已经变成了雪花飞舞的世界。

其实，追赶秋天，只是在追赶你心中的某种秋的意境。

大自然的那个秋天永远处在变化之中，永远不可能停下它的脚步。

在你追逐它的过程中，在不同的时间，不同的地点，不同的情景中，那秋日或仍迷恋着盛夏，或已经走进冰冷的冬天。

小贴士

国内旅游最忌跟风乱跑

时间的选择：退休了时间自主，尽量躲开公众假期，选择淡季出行；

景点的选择：一次出行最好多选几个相近、相关、顺路的景点，可以节约不少时间；

季节的选择：我个人感觉除了极个别的景点，不同季节总有不同的风景，像云南红河州的哈尼族梯田，不同季节都可以拍出非常好的照片。

微信扫码
与你相遇在每分每秒
- 旅途影像　- 人文音频
- 旅行指南　- 所思所悟

陵水河的入海口

岩石与海浪组图

冬 · 云端之上的新年

车过二郎山隧道

2014年的元旦，我是在四川牛背山的山顶度过的。

那是我和两个孩子共同参与的一次自驾游。更准确地说，是我在他们更长的行程中途，短暂地切入。

前些年，儿子和媳妇每年圣诞节到旧历新年的前后，都会开车完成一次跨越数省的自驾旅行。2012年，他们先从深圳开车到了河南的洛阳，联系了业务伙伴后，便开车去华阴，登华山，过汉中，进四川游览冬日的九寨沟。之后，还准备赶往云南的丽江、大理、昆明。我看两个孩子每年都这么跑出去差不多一个月，心里还真有点儿不大放心。于是，就特意在他们旅行的中途，飞到成都与他们会合，带他们去了雅安附近的牛背山，而牛背山恰好也是我一直想去却没能去成的一个景点。

云海涌浪

奔流入峡　　　　　　　　　　　拍摄夕阳

　　牛背山位于四川雅安市荥经县的境内，属于二郎山的一个分支。原名叫大矿山、野牛山。是大渡河与青衣江的分水岭。最高处海拔3660米。人们说牛背山的山顶就是一个360度的观景平台，视野十分开阔，站在山顶，你会感到自己看到的几乎不是人间的风景，而是天上的风光。尤其在你身边不停翻滚与变幻着的云海，会让你产生一种人在云上的错觉，那绝对是你在别处很难见到的。

牛背山的云海

　　山顶虽然有太多美丽的风景，但并没有形成真正的景区，所以也不用买门票。

　　我们是把自己开的车，临时停放在了石漆镇的停车场里，然后搭乘山顶客栈老板的车上山的。住的地方其实就是一排临时的简易板房，每个房内既没有桌子也没有床，只有被间隔成一排排的大通铺，最宝贵的相机也只能压在自己的衣服下面了。

观看旅途影像

　　旅游的快乐，绝不会像日常的日子一样枯燥又重复。牛背山之行让我意识到：有目标、有计划的旅行

情迷云海

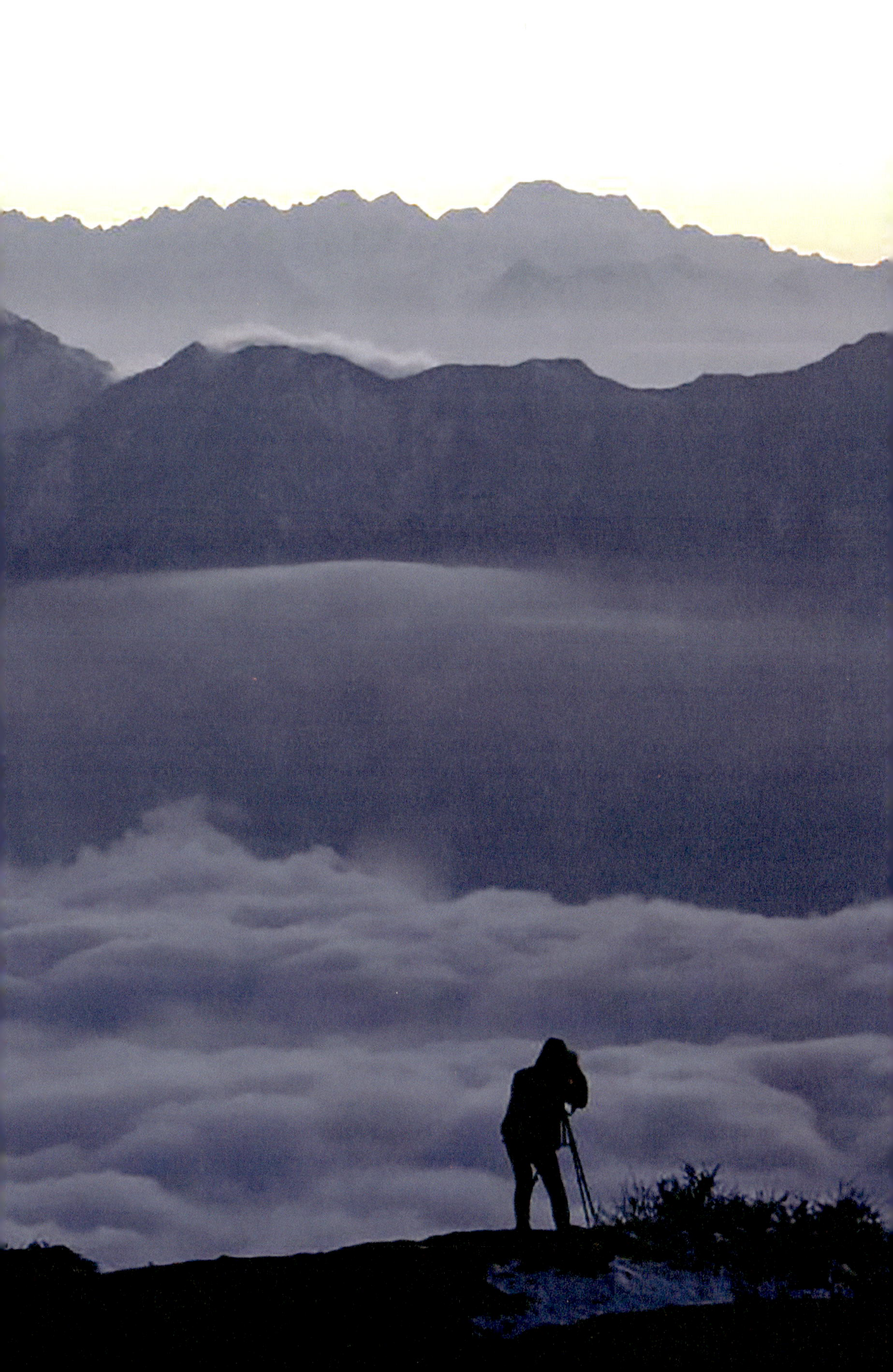

夕照映雪

对生活的重要性。

　　因为不一样的自然风景,不一样的团队组合,往往会带给你不一样的生命快乐。

　　其实,那次与孩子们在一起仅持续了几天的(后来送他们到达丽江的束河镇,安排好他们的住宿后我才离开)旅行,虽很短暂,但还是给我留下了太多美好的记忆:当我们一到达山顶时,两个孩子在阳光里的欢笑,在云海上的造型,在夕阳里的拥抱,都给我留下了永远难忘的

云雾蒸腾　　　　　　　　光芒

晨光与云雾 　　　　　　　　　　　喷涌而出

记忆。

　　牛背山因山顶酷似牛背而得名，最高海拔3660米。在山顶上既能观云海、日出、夕阳、佛光、星轨等自然美景，还能远眺贡嘎、峨眉、瓦屋山、四姑娘山、夹金山等蜀中名山，被誉为"亚洲最大的360度最美观景平台"。

　　孩子和我一起上山后的兴奋与开心，从他们结识新朋友，跑来跑去不停拍照的忙碌就可以感受到，而我内心的高兴更是不言而喻的。

孩子和他们的新朋友

山脊

下山时必须经过的云海人家

冰雪下顽强的生命

下山时，我们坐的仍然是山顶客栈老板的车。

人们都说：上山容易下山难，这话不仅适用于人，也适用于车。车不怕雪但最怕冰，上山的时候靠着强劲的动力，我们的车几乎没怎么停就一直冲到了山顶上；但下山的时候，师傅却不得不格外小心，他曾数次停车，让我们一起或搬石头或垫土，才敢继续往前开。有一次，甚至告诉我们为了安全，要我们自己走前一二百米远，他独自开车过来，然后才接上我们。记得，那是我们走过的牛背山上一段最危险的路。也正是在那里，我们巧遇了那个拄着双拐已经登到半山的勇敢的年轻人。

直到今天，我还后悔没能在山顶多住两晚。只待了一个晚上，太不过瘾了，也太对不起牛背山那么美的风景了！

2014年的元旦，就在这带点儿刺激性的行程中过去了。其实头天的晚上，我们是在山顶的木板房里，在时睡时醒的朦胧中迎接了又一个新年的到来。

下山之后，我和孩子还数次谈起了冰天雪地中那个拄着双拐（我看到他有一条腿是金属的假肢）攀登牛背山的人，并想起他在冰雪中艰难前行的身影。

说真的，那一幕，或许是我和两个孩子在牛背山看到的最难得，也最感人的生命风景！

下山时在冰雪中行走的孩子

元谋土林

从牛背山下山后，儿子的车一直沿着大渡河开了好长好长一段路，才到达四川的攀枝花，这里离云南的元谋土林已经不远了。

这是我第二次到元谋土林。天色已晚，我们决定先在攀枝花住下来。

在酒店门口停好车，便开始办理入住手续，记得当时我还说，不必要的东西干脆放在车上算了，进房间也就睡个觉，明天一早又出发了。但发现儿子仍特意把自己的电脑包背到了身上，还对我解释说：这电脑里有全部的工作，我叮不敢离身！

土林（组图）

以后的几天，那个黑色的电脑包，在旅游过程中，无论啥时候都背在他的肩头。我心中暗暗地说：是啊，孩子终于长大了！下车时他说那简单的一句话，能让我感受到，孩子已经长成一个既爱操心又有责任感的人了。正是从那次开始，一位父亲曾经的对儿子的不放心，便全都烟消云散了。

我最不喜欢有些景区为景点设计的那些俗不可耐、莫名其妙的名字，烦它限制和干扰了旅游者更丰富的想象。所以，在元谋土林这一部分，所有的照片我都没有做任何文字的说明。其实对事物的认识一旦被引向惯性思维，创造力便被扼杀了。

在云南元谋土林的旅游，是一次非常美好的记忆。

土林在四川和云南的交界处，属于偏僻的彝族地区。虽然20世纪90年代，我已经与朋友去过一次，但那次天气不怎么好，时间也太紧，而且只游了一处物茂土林。这次，有孩子陪着，儿子早早通过网络订好了在景区的住处和物茂、浪八铺两处土林的门票，于是，我就成了绝对的享受派，既不用开车，也不愁住处，且有儿媳妇在，更不用操心吃的。终于如愿以偿只管拍照就行了。

土林（组图）

土林（组图）

中国 穿越·春夏秋冬

儿子在网上预订的房子还不错，位于浪八铺镇小学校的附近。在房间的楼上，就可以远远看到浪巴铺土林景区，房东是一位很机灵、很能干的人。他本来是小学的彝族老师，竟顺便颇有远见地在小学旁边盖起了一座三层小楼，不仅满足了自住，还可以接待游客，七八年前已经能通过网络介绍和出租自己的房间了。这在少数民族地区，绝对是件够前卫的事了，不富起来都不可能。

　　我们去的那两天天气特别好，景区里更是无比清静。物茂景区内还有些游客，浪八铺景区几乎成了我们的独家公园了。想想也是，大过节的，还有谁在外面乱跑呢？土林，是我提出要参观的景点，所以第二天在景点儿子一直耐心地等我在最后一抹夕阳里完成了拍摄，才开车离开。

　　因为是元旦，浪巴铺的彝族同胞们也在过节，房东老师还特意邀请我们参加了他姐姐在团坝村老房子里举办的一场彝族杀

有孩子陪伴，还可以为我拍张工作照真好！ 摄影：黄嘉鑫

猪宴。

当我们提着一箱牛奶和一箱啤酒进到他们家院子里时，发现屋里、屋外几乎塞满了村子里他们的亲戚和朋友。丰盛的年菜，自酿的美酒，热情的村民，欢乐的气氛，让我再一次感受了人与人之间最朴素、最简单的快乐。

一次旅行中的新年，仅仅一个多星期，但它却是我这一生中度过的一个特别有意义、充满了生命幸福感的新年。

小贴士

尽量住到景区的附近

这是我国内出行的一个习惯和原则，就是尽量住到景区的附近。现在公交十分便利，交通网线已经非常深入了，所以，尽量按照景点的位置选择自己的住处是个十分聪明的选择。它首先可以方便你看到早晨和晚间的风景（住到景区外的地方就很难做到这一点了）；住到景区边上还有一个信息的优势，当地人对景区最了解，或许还可以带你去到别人不曾去过的地方；再就是不少景区的早晨还是免费入园的，这还能为你节约部分旅游开支。

这些年，我曾住过瑶寨、苗寨、侗寨，土家族和哈尼族的村寨，连元谋土林这样在云南、四川交界处的彝族地区，都能通过网络订到不错的房子。你还有什么担心的呢？

尾声

2020南极和南美的日子

South America

初步整理好这本书的图文内容之后，我第一时间便把初稿发给了花城的责任编辑林宋瑜和林菁，因为我想尽早听到她们对书稿的具体意见，以便进一步润色修改。

意见很快就来了！那天，大家一见面，林宋瑜便冲着我说：你年初不是还去了南极吗？何不把在南极的和滞留在巴西的经历，也在书中有所表达呢？她还感叹着说：今年实在是太特殊了，那一段经历应该也很有意义！

她说得很对！南极和南美之行，对我个人或许是为了却一个多年的心愿，但在实际上，它却是我退休这些年经历过的一次最多意外，最难忘记，同时也最有价值的旅行——因为它就发生在2020年1月到2月那段疫情刚刚暴发的时间段里。

可是，我该如何既不破坏图书原来的结构，又能增加这部分很有意义的内容呢？想来想去，只好把有关南极和在巴西滞留的经历压缩成一个尾声保留在这本图书之中。

我们就是从乌斯怀亚的这个码头出发去南极的

2020年1月7日,我从香港机场出发。首先要飞往距离中国最远的一个南美的国度阿根廷,再从它的首都布宜诺斯艾利斯转飞阿根廷国土最南端的城市乌斯怀亚——那可是一座被人们称为世界尽头(World's end)的城市。因此,这趟南极之旅也是我旅游经历中行程最远、期待最多、谋划最久的一个行程。

虽然在南极我们仅仅停留了十来天,但从出发到最后返回广州,实际上却用去了我一个多月的时间。当然,我们在南极行程的前后,还分别游历了南美的阿根廷和巴西。不过,有一点绝对是我计划时完全没有想到的,那就是仅在巴西圣保罗这一座城市,我就停留了十多天。

当时,南美疫情的相对平静也确实欺骗了我。最初,我和家人的考虑是:国内的疫情正在暴发和蔓延着,既然圣保罗还很安全,南美又有很多地方可玩,何不在南美多停留一段时间呢?于是,当旅行团到达圣保罗后,我便主动脱团,单独一人在圣保罗的东方街找了间酒店住了下来。

我预订的第一个新行程,是从圣保罗飞墨西哥城——墨西哥离得很近,不去太遗憾。另外,还计划了要去一下古巴,好看看从童年时就已经向往过的哈瓦那。而这时,美国的好朋友也知道了我在南美的旅行计划,便热情地建议我结束南美行程后,可以在洛杉矶安心停留一段时间,还建议我利用这段时间,补办一下去加拿大的签证。

不过,人算不如天算,全球疫情的不断发酵和发展,让我越来越感到这个世界的喧嚣和动荡不安。尤其是当我从网上看到英国首先停飞了中国的航线,而美洲各国也正在准备停飞中国航线,看着疫情让整个世界瞬息万变、乱作一团,为减少不确定性,我不得已首先退掉了墨西哥城的机票,仅仅一个星期后,更是彻底下决心放弃了所有在美洲的旅行计划。

现在回忆起来,当时的我真有点儿既无助又慌乱,我们的旅行团早已经回国了，我曾两次到圣保罗的中国总领事馆去打探消息，他们也建议我尽快回国。那可能也是整个世界在疫情面前最盲目、最慌乱的一段时间。不过我心里越来越坚定的一个信念正在形成，那就是：在这么动荡的时间和这么遥远的地方，我必须争取尽快回国，尽快与亲人待在一起！

人生中有些突发的偶然事件，往往也会浓缩更多生命与岁月的原始底色和密码。我觉得南美和南极的旅行，仿佛是我旅行经历中直面过的一个巨大的惊叹号（当时我既感叹南极南美风光的奇美，又惊叹南极和地球的重重危机）。

如今，当我尽全力去浓缩和还原那段行程的时候，脑海里仍像当年一样好难理出一条清晰、全面的线索。同时，也因篇幅所限，在这里只把脑海中留下最深记忆的几件事儿记录于此，作为我对南极、南美行程的一点儿纪念。

我们去南极的游轮

南极大陆上红色的雪

那是我们到达南极第四天的早晨。

这艘挪威的午夜阳光号邮轮,总是喜欢在夜里航行,并寻找好当天的锚地后便停泊下来,以便让我们第二天白天有足够的时间分组登岛,并安排在海上的巡游活动。我习惯早睡早起,每天早晨醒得总会比别人更早一些。于是,邮轮五层甲板上的早鸟餐厅(提供简餐的小餐厅)就是我常常光顾的地方。

用完一份简单的早餐后,我会去到最顶层的甲板散一会儿步,那儿面积最大,视野也最开阔。在南极的每一天,其实,我时刻都生怕自己会漏看了什么,尤其是值得拍摄的风景。

欧内港的雪泛着漂亮的粉红颜色

离开了午夜阳光号开始海上巡游 　　　　　　　　　　　雪原泛着淡淡的红色

　　到南极来一次，毕竟是太难了！

　　那天早晨，天还是阴沉沉的。散步时，发现船离当天要登岸的海岛距离并不很远。我下意识地举起了相机，并用镜头的长焦端去寻找我们白天可能的登陆点。在搜寻的过程中，惊奇地发现：晨光中，海岛上的雪不知为什么竟泛着很漂亮的粉红颜色。当时，我还不由得赞叹着：啊！南极还有这么美的粉雪呀！

　　不过，白天登上海岛的时候，邮轮上的探险队长却告诉了我粉雪的真相：那是南极的一种红色藻类，随着极地气温的上升会迅速繁殖，并把大片大片的雪原染成红色。在南极后来的日子里，我还不止一次地在其他海岛上看到这样的粉雪。

　　更令人吃惊的是，从南极返回时，我们甚至还听说阿根廷科考站（我们也曾经过）在2月初测得20.75摄氏度的南极气温，那可是这片极地有气象记录以来，还从未录到过的最高气温。

夕阳里的南极

必须承认，人类在这地球上的活动，无疑是全球和极地变暖最重要的原因之一。当我们一次次地看到本来应该生活在洁白冰雪世界里的企鹅，因积雪融化而身上沾满了泥浆的时候，当我看到企鹅和我们相遇，以单纯又不解的目光巴巴望向我们的时候，内心真是五味杂陈。

我们在每一个海岛登岛停留时，都会听到成千上万的企鹅群体的鸣叫声，仿佛在说：这里本来是它们的世界，是企鹅、海豹、鲸鱼的世界，甚至是磷虾的世界。后来，我甚至在登岛时会质疑自己为满足个人的好奇心，踏上南极土地的正当性与合理性。

人类，在这个本属于所有生灵的地球上（它的丰富性和多样性，其实正是我们这颗星球美好的基础），没有权力为一己的好奇、私利和私欲而损害其他的生灵。

1 欧内港的三只帽带企鹅
2 身上沾满了泥浆的企鹅
3 我们在南极乘坐的午夜阳光号邮轮
4 南极海岛上生长的绿色的藻类植物（白色是企鹅的羽毛）

圣保罗街头的中国舞龙和舞狮

那是2020年的大年初十,当时的南美还没有发现新冠疫情,所以我还能在圣保罗的街头到处自由走动,而此刻,十四亿人却都被宅在了各自的家中,度过了一个几十年从没有过的,没有拥挤、没有奔波、没有春运,也没有团聚的旧历新年。

让我没有想到的是,在巴西圣保罗的滞留,竟意外地让我在东方街附近,看了一场原汁原味的中国舞龙和源自广东的南狮表演。能在异国他乡,在地球的另一面,感受了一把中国过年的气氛,闻到点儿家乡过年的味道,实在意外,也很庆幸。

龙腾狮舞

圣保罗东方街华人的巡游队伍

参加舞狮的巴西青年

　　能够被夹在游行的队伍里，感受舞狮、舞龙带给人的喜庆和欢乐，这对于此时，地球另一边的同胞来说，几乎是不可想象的。这也算是我因疫情滞留巴西，才有的十分特殊也不会再重复的人生经历。

　　望着街头上对疫情仿佛毫无知觉的人们，我突然感到了人类的无知。

　　更令人无法想象的是，一个月后的里约热内卢竟毫不顾忌疫情的暴发，仍为了经济而如期举行了每年一度的桑巴舞竞赛和整座城市的狂欢。或许，这也是巴西最后把自己沦陷成了全球第一大疫情国的主要诱因。那可是一场比圣保罗中国的春节热闹无数倍的生命放纵和狂欢。

　　想想，天真的人们，其实往往会在惯性的推动下，沉迷在梦中不肯醒来。

　　忘记了真实的世界，把虚幻的梦当成真实，那么，最后就只能跌进生活的深渊。

倾盆大雨中，从圣保罗教堂里传出了歌声

跟团游的时候，导游曾带着我们坐着大巴，在圣保罗大教堂的周围转过两圈，当时，他不建议我们下车，解释是：教堂周边是流浪汉聚集的地方，也是圣保罗这座城市治安最乱的地方。

然而我在圣保罗独自住下来后，总觉得不进一下大教堂太遗憾了。一天下午，我从距离不远的住处步行来到了教堂跟前。突然听到从教堂里传出了一位女性歌唱家的演唱，她唱的是《哈利路亚》，可能因为当时的自己，只身一人滞留圣保罗，多少有点儿无助的感觉，所以那歌声一下子就把我深深地打动和吸引住了。

在这时，圣保罗教堂附近突然又下起了大雨，教堂也迅速变成了广场上的人们临时躲雨的地方。他们在教堂的大门口穿来进去。

那天，我除了拍照，还用相机的录像功能，记录下了教堂里音乐礼拜的情景。

回到宾馆后，迅即制作成一段小视频，

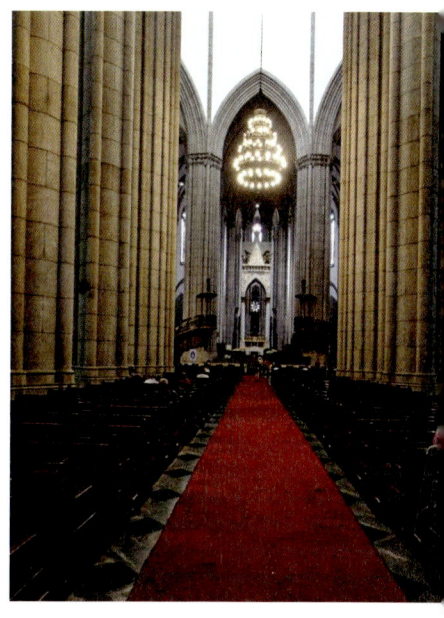

圣保罗大教堂的内部

正在演唱的女性歌者

挂在了我的公众号"纪行录"上，还真实地记下了当时我内心的感触和感动：

> 我们的南极之行出发时，国内的天空还一片晴朗；一个月后的此刻，当我准备回国时，遥远的祖国却已经是阴云密布、疫情暴发，天摇地动。我的行程也因各种原因，停在了圣保罗这座南美最大的都市里。不过，这里是安全的，巴西还没有出现一例新冠的病例，我还可以在这座城市里自由地走动。
>
> 在我住的宾馆附近的东方街，圣保罗的华人社团还热闹地用最中国的方式庆祝着中国旧历年的春节。血浓于水，这里的侨胞也已经不断地向国内捐赠口罩，帮助国内的同胞减少感染的风险，仅我们这个17人的南极团，回程时飞回上海的团友就帮上海带回了近万只口罩。
>
> 后来我想在圣保罗买一些口罩，找了不少药店，却没能买到一个。
>
> ……可能因为是特殊的日子吧，在教堂里的时候，我的心，在音乐和歌声中感受到了以前从未有过的颤抖、感动与希望。或许是因为教堂的庄严，因为教堂外的大雨，也因为我心中的焦虑和等待。
>
> 制作了一段五分钟的小视频，是我当天深夜在圣保罗赶出来的，那里融入了我对祖国的祝福。你可以想见当时的情景：教堂外大雨滂沱，教堂里溢满了歌声。在那歌声中，我的心一遍遍地祝福祖国：早日战胜疫情，迎来暴风雨后的那一道彩虹。

我的圣保罗时间

最后的几天,为了等待回国的航班,我便把在圣保罗的时间全都交给了谷歌地图,并选择了以步行的方式在城市里随意走一走,转一转。这种行走不同于在旅行团坐在大巴上的游览,更不是仅在预定好的景点,拍摄那些人人都去打卡的风光照和标准相。它起码可以让我稍稍地接近一点儿当地人的生活,走走他们上班要行走的石头路,进进他们平时购物的超市和杂物店,听听城市真实的呼吸:它清晨的苏醒,它喧闹的街道,它清静的小巷。

甚至,为了更准确地确认国内的疫情,并征询他们对我旅行的建议,还专门去了一趟离我住的宾馆挺远的中国驻圣保罗总领事馆。

夕阳里的楼

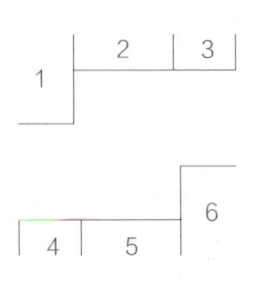

其中，最值得记录的，有南美最大的一间现代艺术馆，一座由火车站改造而成的、音响非常考究的圣保罗音乐厅（那天没有正式的音乐会演出，我只是看了看空荡荡的音乐厅）；还有最后一天早晨，我专门在圣保罗大教堂广场放飞无人机时拍到的一些照片。

客观地说，虽然圣保罗是南美最大的城市，但建筑已经有些残旧了。不过它的气势、它的色彩，它的艳丽，仍能让人感受到一座城市曾经的历史和它生命的活力。

应该说，让我的心灵受到最大震撼的地方，是圣保罗教堂和它周围那些以教堂广场为家，长年累月生活在绿树下、草丛中和

简陋帐篷里的各式各样流浪汉。为了观察到他们在教堂周边的生存状态,那天我很早就起床,并开始了拍摄,当时有人还睡眼惺忪地坐在树下,有人刚刚醒来仍躺在草地上,也有人忙着洗漱,有的人则干脆在喷水池的水中开始洗澡了。

就在巴西最大教堂那高高的十字架下,人们正在经历着一种因巨大的贫富悬殊而带来的,人类发展历程中的新的苦难和难题。

这,不正是我们这个世界的一种缩影吗?人类的梦想,还在教堂里歌唱;而人间的苦难,却在教堂外几十米远的地方,在我们的身边不断地发生着。

1 在圣保罗的人流中,我就是他们中的一员
2 天花板可以移动调校音质的圣保罗音乐厅
3 被涂鸦的高楼
4 圣保罗著名的东方街
5 圣保罗美术馆
6 阴云密布的天空与巴西圣保罗大教堂

1	2
3	4

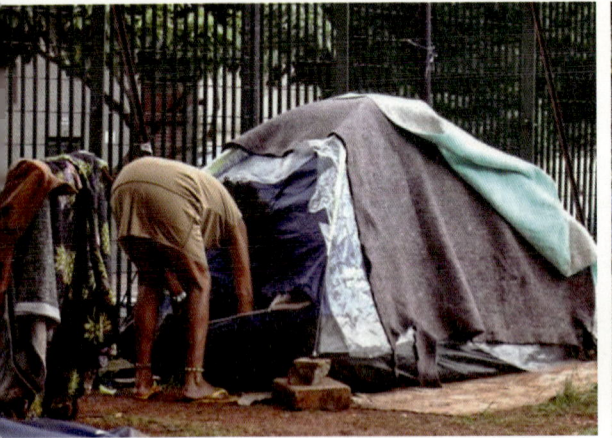

1 刚刚醒来的流浪汉
2 枕着全部的家当
3 从自制的帐篷里起床了
4 一直停在广场附近的警车

今夜无眠：一次失眠的航程

终于买到了埃塞俄比亚航空公司ET606航班从巴西圣保罗飞亚的斯亚贝巴，然后转飞广州的机票。至今我还清晰地记得，2月7日下午赶去机场时，圣保罗下起了一场倾盆大雨，一路上雨水不停地拍打着地铁（地面段）的车窗。圣保罗仿佛是要用一场大自然的风雨，为我送行，同时也预示了它自身不远的未来。

直到我回到广州，仍注意到了那场连续的大雨。中新社的消息称：自2月9日傍晚开始，巴西第一大城圣保罗市遭暴雨袭击，河水泛滥，多处地点发生严重淹水、泥石流、房屋倒塌等灾情，全市交通瘫痪。圣保罗24小时的降雨量，创近37年来的最高纪录。横贯城市的季也蝶河和松林河水位暴涨并泛滥，环河公路多路段交通中断，公交车、地铁和火车运行亦受到影响。

飞机到达亚的斯亚贝巴，幸好我乘坐的是同一航空公司的不同航班，所以不用提取行李。当

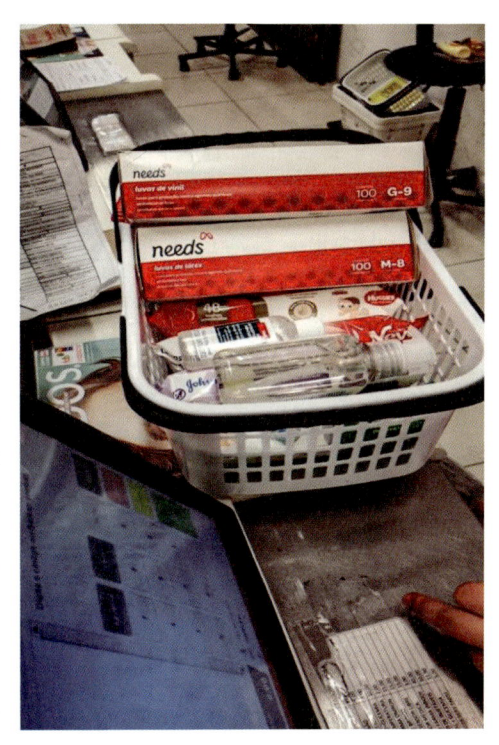

在圣保罗采购的医用手套、湿手巾和消毒液

时，机场的Wi-Fi信号还不错，我便赶紧利用这转机的时间，尽可能多地搜寻着网络上与国内疫情相关的消息。

那是2月7日深夜。网络上铺天盖地的消息是：吹哨人李文亮医生走了！其中有武汉人对他的怀念，视频里我还听到了武汉深夜里响起的此起彼伏的吹哨声。

是的，我们这个地球真是生病了，我们没有权力无动于衷！

我们该如何拯救地球，也拯救我们自己呢？

登机，仍无法入眠。从亚地斯亚贝巴飞广州的航班，是由西向东迎着太阳升起的方向飞行的，虽然我登机时是子夜时分，但随着飞机一直向东飞行，天却很快就显亮了。这样算起来，去南极时，我从香港飞达拉斯然后到达南美的阿根廷，现在，又从圣保罗飞非洲的阿的斯亚贝巴，再飞回广州，这不恰恰等于是绕着地球飞了整整一圈吗？只有多不会少。想到这一点时，我甚至内心里还真为这不平静的一次环球旅行多了几分感动。

不知为什么，心中突然冒出了几句很想说的话。我急忙把它们记在了手机的记事本上，在后来的航程中还把它发展成了一首歌词：

静静地倾听

倾听地球的声音；

静静地思索

思索人类的悲伤。

你为什么

走向今天的灾难？

你为什么
变成了今天的模样？

唔……
别让恐惧占满了心房，
别让迟疑切断了目光，
别让纷乱的脚步，
踩碎了！踩碎了我们的梦和方向。

爱，才是唯一的道路
　　　　希望
　　永远　永远
　　　　在前方
　　　　在前方——

2020年2月8日亚的斯亚贝巴飞广州航机的舷窗处

静静地倾听
倾听心灵的声音，
静静地思索
思索世界的恐慌。

你为什么
封闭了心的道路？
你为什么
迷失了生存的方向？

唔……
别让欲望毁灭了地球，
别让疏离把爱阻挡，
别让仇恨的目光，
撕碎了！撕碎了我们的梦和远方。

爱，才是唯一的方向，
希望
永远 永远
在前方
在前方——

  2020年，注定是一个不会被地球人忘记的年份。
  而这个不平静的年份，因年初突发的新冠疫情，因地球人在疫情面前的惊恐、慌乱和无知，也因世界各国对疫情的恐惧、疏离和失措，便以各不相同的认知和相互矛盾的解读，被记入了地球人的历史。

曾读到过一篇关于南极的文章，其中有一句话，让我的心久久不能平静。它说：南极冰盖的融化其实就是南极在流泪，是地球在哭泣。我们又该如何面对南极的哭泣，面对疫情中整个世界的哭泣？面对这所有的变化，所有无可逾越的轮回呢？

南极很安静，巴西段最后的行程，只剩下了我一个人，也很安静。

安静最大的好处是：在旅行过程中可以减少因群体存在而增加的相互间的关照，同时也是干扰，可以为你留下完全属于自己的时间，让你能专心致志于身边的世界，能静静地、无干扰地去观察、去感知、去思考。

如果今天的人们问我，南极和南美给我留下最深的记忆是什么？我会回答：那应该是在南极第一次看到雪藻时的疑惑；第一次在海岛上遇见企鹅时的惊喜；还有在南美最大城市圣保罗巧遇中国的舞狮舞龙表演时的喜悦，和在圣保罗大教堂里听到《哈利路亚》歌声时，内心生出的祈愿和抑制不住的感动。

如今，疫情已经极大地改变了我们周围的世界：改变了我们的生活方式，改变了人们对以往的看法，还有我们对整个世界的认知。可以说，这次疫情几乎是这颗星球上的所有人，都无法躲避的一次肉体与灵魂的震荡，虽然每一个生命个体的经历，可能并不完全相同，但可以肯定的是，这种对所有地球人都完全平等的病毒，没有人可以轻松躲开，可以悄悄绕行。从英国首相到普通的百姓，从特朗普到美国的少数族群，没有人可以获得不被感染的豁免权。

南极和南美这趟特殊的行程，让我强烈地感受到：无论是我前半段目睹的冰川的融化，还是后来新冠疫情的发生（我得知准确的疫情消息是在南极行程的最后几天），恰如大自然为人类文明进程踩下的一次紧急刹车。它仿佛向人类发出了厉声的质问，并用无情的事实宣示着：人类必须为自己无节制的贪婪和占有，为无穷尽地向地球索取付出代价！

跋：走过·四季

我不会忘记2016年的春天，并感谢那个春天。

因为：正是在2016年的4月，已经退休数年的我，终于下定决心，辞去了所有的工作，停下了手头持续几十年有点儿被动的为人作嫁的忙碌，离开了从十四岁起就一直生活于其中的、中国南方的城市广州，走向了人生更远的远方。

如今，在中国城市的退休群体中流传着一种很乐观的说辞：哪里是人生七十古来稀？60到70岁恰是人生真正的黄金十年。因为：这个年龄段的你，孩子已经长大，工作与你没太多关系，生活基本无忧，腿脚嘛还算麻利，加之经过几十年努力，你或多或少总有了那么一点儿积蓄，尤其是再看到孩子们已经开始了属于他们自己的家庭、事业和生活时，你终于可以长长地舒上一口气，把心彻底放下了。

是的，你该好好享受生活了！去拥抱一生中最自由、最轻松、并且能真正属于你的一段生命时光了。

2016年我65岁。退休后的黄金十年刚好过去了一半。未曾想到的是：当别的同龄人正拥抱着晚年幸福时光的时候，我却有点儿意外地经历了一次身体和精神的低潮。

那还是在2014年的6月，我开车从海南岛返回广州，可能因为从海口一早出发，一路都迎着太阳开车的原因，既没戴墨镜，也没有中途休息，回到广州没两天,眼底便突发了黄斑裂孔。中山医科大学眼科中心的专家虽通过手术成功缝合了裂孔,但我右眼的视力却在术后急剧下降,只剩下零点零几。真应了中国那句老话:福无双至,祸不单行。因为就在几个月前的春节,妻子才刚刚做完膝关节置换手术,那时的她,还需要推着助行器重新锻炼行走。我还一次次鼓励她说:你腿不好,咱怕啥!咱有车啊,开上车哪儿不能去?可现在,我的眼睛竟变得连车都开不成了。

至今,我都忘不了在中山医眼科中心自己焦急追问医生的情景。我一遍遍地问:手术后我还能不能开车?能不能继续开车呢?但遗憾的是医生始终都没有正面回答我。

术后,为尽快恢复视力,我的右眼被注入了一种惰性气体,目的是要用气体顶住视网膜促进生长。因此,差不多一个月的时间里,白天我需要一直保持90度低头的姿势做事,晚上则要脸冲下趴在床上睡觉。那些个夜晚,无法入眠的我,一会儿从床上倒腾到地毯上,一会儿又从地毯再换到沙发上,有时,整夜都睡不着觉。而那一段时间,恰好妻家、自家、小家、大家事儿又不断。大约这就是人们常说的人生中上有老、下有小的多事之秋吧。也就是在那一年里,我和妻子两家的父亲先后得病,又先后辞世,我则在广州、海南和北京之间来回奔波。眼睛尚未恢复,身体虚弱到极点。最后一次从北京回到广州,我干脆把自己完全封闭在家中,靠着在"喜马拉雅"上不停地听书,打发所有的时间。既不愿出门,又不愿见人,连自己最喜爱的电脑都无心去碰那键盘,仿佛一下子对所有的事物失去了兴趣。朋友的电话和邀约,我总有各种借口搪塞,集体性的活动更是坚决拒绝。那大概是一生中我内心最脆弱和敏感的时期。

前方的路在哪儿呢!人,像开车时一下子抓不着方向盘了似的。慌乱中的我,有点迷失了继续前行的方向。

也正是在那一段生命最艰难的时期,美国的好朋友Z先生和他们全家人一次次地向我们发出了邀请,热情地欢迎我和妻子到洛杉矶小住一段时间。为了帮我身心尽快恢复，他还在电话中教我如何使用哑铃锻炼身体。有时，电话一次就能打上个把小时。那一段可能也是我们之间这些年通话最频繁的。我能从电话中感受到他发自内心的关切，我也知道他一次次联系我的目的无非是：希望我尽快振作起来，争取早一天到洛杉矶去。

2016年4月，在远方朋友的召唤中，在亲人和孩子的鼓励和帮助下，我们终于从广州出发了。但那时的我们，无论如何也不会想到：这一次春天的出发，竟成了我退休生活中的一个转折点和新起点。它让我重拾了对生活、对未来的信心，并由此开始了我和妻子之后持续了四五年的旅行生活。可能真的是物极必反，那一趟连续102天的旅行，竟挽救了有点儿消沉的我，带给了我巨大的身心变化。

你能想象吗？是两个几乎完全不懂英语的、已经奔七的老人啊，竟靠着手机上不断升级的携程旅行网、出国翻译官和谷歌地图，自由地行走、陶醉在世界各地的名山大川和自然风光中，漫步于异国他乡的大街小巷和景点、超市里。记不清了，从什么时候开始，我已经不再使用安眠药了，还彻底告别了曾经的失望、痛苦、焦虑和忧郁。再后来，我们远行的脚步，甚至延伸到了非洲的北部。

当然，最让我兴奋和难以忘记的是：2020年的1月7日，恰是新冠病毒不知不觉间开始悄悄流行的那个冬天。一直生活在北半球的我，做梦一样地去到了向往已久的、遥远的南极。这是我全部旅行生活中走得最远的一次，而且非常巧合的是这趟南极行程的出发（香港—达拉斯—布宜诺斯艾利斯—乌斯怀亚）与归来（旅行团按原路返回，我则从巴西圣保罗经埃塞俄比亚的亚地斯亚贝巴返回广州）成就了我从空中完整绕行我们这颗蓝色星球的一趟旅程。

绵延了三年的疫情，迫使我差不多完全停下了走向远方的脚步。不过常常宅家的日子，也促成了我对这些年所拍照片的较认真的整理。只要我再次浏览那些照片，心中仍会一遍遍地回忆起快乐的往事，并一次次地涌起感恩和感激的心情，脑海中也会不时闪现那些曾帮助过我们的相识的和陌生的笑脸与身影。我知道：如果没有了他们，没有了这世界上人与人之间最真诚、最朴素的爱，就没有我们退休后的一次次出发和一个个远方，也就没有我们生命中这些不可能重复、也无法复制的，只属于我们的美好的旅行记忆。

走过四季，是我最初为本书拟定的书名。

心里想的是：四季既是世界变化的风景，也是我曾走过的变幻着的人生。它既有旅行途中沐浴过的阳光和风景，也有人生经历中突如其来的暴雨和狂风；它既有春的温暖和煦、夏的奔突激情、秋的丰硕沉重，也有冬的空寂与冷静。

真心感谢这些年的旅行！毫不夸张地说，正是那个春天里开始的旅行，医治好了我身体和心灵的疾病。它在带领我穿越大自然风光的同时，也让我深深地体会到：大自然才是生命最原始的母体，只要你重新拥抱大自然，勇敢而真诚地投入到她的怀抱中，完成一次次的出发和到达，并用开放的心灵感知这个世界，那不断呈现于你眼前的、全新的、你不曾见识过的、更广大的人间和风景，就一定可以让你体味世界的友好与美妙，感悟大自然的神奇和灵动，洗涤和修复你疲惫的灵魂，还原给你生命的健康、真爱、纯洁与宁静。

春、夏、秋、冬，是一种轮回；人的一生，又何尝不是一种轮回呢？

那天，我突然悟到：这个世界其实充满了数不清的轮回！四季的交替是年的轮回，月亮的圆缺是月的轮回；命运的起伏跌宕是人生的轮回；朋友间的离别、重逢是情谊的轮回；人与人的情感是爱与被爱的轮回；小溪和江河的奔流是回归大海的轮回；开花与结果追逐的是生命成熟的轮回，大地上的春播与秋收完成的则是种子无私奉献的轮回。不知为什么，写到这儿的时候，我几乎有点儿相信灵魂的永生了。因为我在这所有的轮回中，都可以读出一种生命不断升华的价值和意义！

　　客观地说，这本书涵盖的时间跨度是我退休后的十年（2016年后的旅行相对更集中），其内容包括了这些年我在国内、国外断断续续完成的各种形态的旅行（自由行、跟团游、半自助游、自驾游，甚至投亲访友式的旅行）。在结构和整理图书的过程中，我又重新翻看了近些年我在腾讯个人公众号"纪行录"中保留下的数百篇图文随笔，本书的不少部分我甚至直接采用了当年的图文记录。不过由于保留在"纪行录"中的内容，大多是在旅行途中仓促完成的，难免存有不少粗疏和遗漏。虽然，我尽力通过调整全书结构并再次润色，想让你的阅读更加顺畅、有机和连贯，但仍不尽如人意。同时，出于保护眼睛和减少写字的愿望，这些年我一直在尝试着让书写的过程，跳出图片永远只是配角和插图的惯性，期望用更多的图片，也包括链接进本书中的，我自己制作的数十条小视频（可以点击文中相应的二维码通过手机浏览），共同参与到图书和文字的表述之中。

　　不知道：这种新的实践，能否算是生活于图文时代和正在到来的直播时代中的一位退休老出版人，仍在追赶时代的一种创新和尝试？

　　说白了：在这本书中我期望用尽可能少的文字，和更多的图片与小视频，去还原那些如今回忆起来仍十分美妙的行程。并尽可能用真实、生动、朴素、有趣一点儿的方式告诉你：在退休后一步步迈向70岁的路上，我曾经走过一条什么样的路，我又在那条路上看到过大自然和人世间什么样的风景。

黄蒲生